U0744147

高等职业教育创新发展
行动计划精解

主　编　周建松
副主编　陈正江　吴国平

浙江工商大學出版社
ZHEJIANG GONGSHANG UNIVERSITY PRESS

图书在版编目(CIP)数据

高等职业教育创新发展行动计划精解 / 周建松主编.
—杭州:浙江工商大学出版社,2017.7
ISBN 978-7-5178-1841-0

Ⅰ.①高… Ⅱ.①周… Ⅲ.①高等职业教育－发展－
研究－中国 Ⅳ.①G718.5

中国版本图书馆 CIP 数据核字(2016)第 228109 号

高等职业教育创新发展行动计划精解

主　编 周建松　副主编 陈正江　吴国平

责任编辑	刘　韵
封面设计	许寅华
责任校对	丁兴泉
责任印制	包建辉
出版发行	浙江工商大学出版社
	(杭州市教工路 198 号　邮政编码 310012)
	(E-mail:zjgsupress@163.com)
	(网址:http://www.zjgsupress.com)
	电话:0571-88904980,88831806(传真)
排　版	杭州朝曦图文设计有限公司
印　刷	虎彩印艺股份有限公司
开　本	710mm×1000mm　1/16
印　张	14.75
字　数	191 千
版 印 次	2017 年 7 月第 1 版　2017 年 7 月第 1 次印刷
书　号	ISBN 978-7-5178-1841-0
定　价	42.00 元

版权所有　翻印必究　印装差错　负责调换

浙江工商大学出版社营销部邮购电话　0571-88904970

前 言

Foreword

亲爱的同行,您将要展开的是《高等职业教育创新发展行动计划精解》,说精解,可能有点吹嘘和标榜,但就主编的知识和见解而言,也算是尽心尽力之作,希望您能支持。

2015年10月,在我国即将进入"十三五"发展的重要时刻,教育部为贯彻落实全国职业教育工作会议精神,指导全国高职战线谋划"十三五"发展,推进高等职业教育综合改革,在几易其稿、多次修改、广泛征求意见的基础上,制定了《高等职业教育创新发展行动计划》(2015—2018年)(即教职成〔2015〕9号文)。此后,教育部职成司专门召开了工作部署会,设计了工作平台,职成司有关领导亲自对文件进行了解读,并在《中国教育报》《中国职业技术教育》等媒体上进行了专家笔谈,其重视程度和实践意义可想而知。

我作为全国高等职业教育研究会的会长,高等职业教育战线的老兵,深知这一文件的全局性和重要性,从某种意义上说,这一文件甚至不亚于《教育部、财政部关于实施国家示范性高等职业院校计划,深化高等职业教育改革发展的意见》(即教高〔2006〕14号文),因为它更全面、更综合,于是我就开始关注和搜集相关资料,并在同事陈正江、吴国平的帮助下,完成了大致材料的汇编,现提供给同行参考。

《精解》分为四个部分:第一部分是文本解读,主要是收集了文件文本和以教育部职成司名义及职成司有关领导个人名义公开发表的文章和解读报告;第二部分是专家笔谈,收集了刊登在《中国教育报》上的14位专家的全部笔谈;第三部分是主编视阈,收集了我近年来公开发表的关于高等职业教育改革创新问题的相关研究文章,共9篇;第四部分为主编随想,收集了我在《教育发展研究》《德育报》等期刊上刊登的关于自己对高等职业教育创新发展的若干想法。本来,我们还想收集各省贯彻行动计划,考虑到篇幅等因素,恕未成行。

由于时间及联络因素,有关文章收入本书时未一一征求作者意见,我想,文章被收入文集也应该是对作者文章质量的肯定,有利于推广专家的学术思想,因此,作者和专家应该会是高兴和支持的,恕我冒昧了。

希望本书的讨论,能对我国高等职业教育的改革发展起到一定的促进作用。

周建松

2016 年 8 月 1 日于杭州

目 录

Contents ——————————————

第一章

文本解读

教育部关于印发《高等职业教育创新发展行动计划(2015—2018 年)》的通知

各省、自治区、直辖市教育厅(教委),新疆生产建设兵团教育局,行业职业教育教学指导委员会:

为贯彻落实《国务院关于加快发展现代职业教育的决定》和全国人大常委会职业教育法执法检查有关要求,推动高等职业教育创新发展,我部编制了《高等职业教育创新发展行动计划(2015—2018 年)》[①],现印发给你们,请认真贯彻执行。

《行动计划》是今后一个时期高等职业教育战线贯彻 2014 年全国

---

① 本书后文如提及《高等职业教育创新发展行动计划(2015—2018 年)》,均简称《行动计划》。

职业教育工作会议精神和落实全国人大常委会职业教育法执法检查有关要求，深入推进改革发展的路线图，各地要高度重视，优先保证落实。《行动计划》明确的任务和项目是高等职业教育改革发展的工作载体，其中负责单位包含省级教育行政部门或高等职业院校的，各地可根据自身发展需要以省（区、市）为单位自主申请承担；负责单位包含行业职业教育教学指导委员会（简称行指委）的，相关行指委可直接向我部提出申请。我部将优先满足有预算支持的申请，具体申请事项另文通知。

教育部

二〇一五年十月十九日

高等职业教育创新发展行动计划（2015—2018 年）

为贯彻落实《国务院关于加快发展现代职业教育的决定》和全国人大常委会职业教育法执法检查有关要求，创新发展高等职业教育，制定本行动计划。

一、总体要求

（一）指导思想

以邓小平理论、"三个代表"重要思想、科学发展观为指导，切实贯彻习近平总书记重要指示精神，服务"四个全面"战略布局和创新驱动发展战略，以立德树人为根本，以服务发展为宗旨，以促进就业为导向，坚持适应需求、面向人人，坚持产教融合、校企合作，坚持工学结合、知行合一，推动高等职业教育与经济社会同步发展，加强技术技能积累，提升人才培养质量,为实现"两个一百年"奋斗目标和中华民族伟大复兴的中国梦提供坚实人才保障。

(二)基本原则

——坚持政府推动与引导社会力量参与相结合。强化地方政府统筹发展职业教育的责任,落实高等职业院校办学自主权,探索本科层次职业教育实现形式;充分发挥市场机制作用,引导社会力量参与办学,发挥企业重要办学主体作用,探索发展股份制、混合所有制高等职业院校。

——坚持顶层设计与支持地方先行先试相结合。加强现代职业教育国家制度建设,深化重要领域和关键环节改革;鼓励和支持有条件的地区率先开展试点,积极探索现代职业教育体系建设的实现路径和制度创新,完善现代职业教育的国家标准、国家机制和国家政策。

——坚持扶优扶强与提升整体保障水平相结合。支持部分普通本科高等学校转型发展、优质专科高等职业院校创新发展、职业院校骨干专业特色发展,在体制机制创新、人才培养模式改革、社会服务能力提升等方面率先取得突破;健全高等职业院校生均拨款制度和质量保证机制,全面提高保障水平。

——坚持教学改革与提升院校治理能力相结合。以提高质量为核心,深化专业内涵建设,推进课程体系、教学模式改革;与人才培养和教师能力提升相结合开展应用技术研发;创新校企合作、工学结合的育人机制;推动专科高等职业院校依法制定章程,完善治理结构,提升治理能力。

(三)主要目标

通过三年建设,高等职业教育整体实力显著增强,人才培养的结构更加合理、质量持续提高,服务中国制造 2025 的能力和服务经济社会发展水平显著提升,促使高等教育结构优化成效更加明显,推动现代职业教育体系日臻完善。

——体系结构更加合理。人才培养的层次、规模与经济社会发展更加匹配,专科层次职业教育在校生达到 1420 万人,接受本科层次职业教育学生达到一定规模,以职业需求为导向的专业学位研究生培养模式改革取得阶段成果。

——服务发展的能力进一步增强。技术技能人才培养质量大幅提升,高等职业院校的布局结构、专业设置与区域产业发展结合更加紧密;应用技术研发能力和社会服务水平大幅提高;与行业企业共同推进技术技能积累创新的机制初步形成;服务中国制造 2025 的能力显著增强。

——可持续发展的机制更加完善。公办高等职业院校生均拨款制度全面建立;院校治理能力明显改善;职普沟通更加便捷,升学渠道进一步畅通;支持社会力量参与职业教育的政策更加健全;产教融合发展成效更加明显;职业教育国家标准体系更加完善;职业教育信息化水平明显提高。

——发展质量持续提升。以专业为载体的优质教育资源总量和覆盖区域不断扩大,支持优质专科高等职业院校争创国际先进水平的机制基本形成;多方参与、多元评价的质量保证机制更加完善;基于增强发展能力的东中西部合作机制更加成型;融人文素养、职业精神、职业技能为一体的育人文化初步形成;我国高等职业教育的国际影响持续扩大、国际话语权不断增强。

二、主要任务与举措

(一)扩大优质教育资源

根据区域特点,以专业建设为重点,提升要素质量、创新发展形式、扩大优质教育资源的总量和覆盖面,提高区域高等职业教育的均衡程度和社会认可度。

1. 提升专业建设水平

加强专科高等职业院校的专业建设,凝练专业方向、改善实训条件、深化教学改革,整体提升专业发展水平。支持紧贴产业发展、校企深度合作、社会认可度高的骨干专业建设。支持专科高等职业院校与技术先进、管理规范、社会责任感强的规模以上企业深度合作,共建生产性实训基地。面向企业的创新需求,依托重点专业(群),校企共建研发机构。面向国家重点发展产业,提高专业的技术协同创新能力,促进区域产业结构调整和新兴产业发展。探索发展本科层次职业教育专业。培养中国制造2025需要的不同层次人才。

2. 开展优质学校建设

坚持以示范建设引领发展,鼓励支持地方建设一批办学定位准确、专业特色鲜明、社会服务能力强、综合办学水平领先与地方经济社会发展需要契合度高、行业优势突出的优质专科高等职业院校,持续深化教育教学改革、大幅提升技术创新服务能力、实质性扩大国际交流合作、培养杰出技术技能人才,增强专业教师和毕业生在行业企业的影响力,提升学校对产业发展的贡献度,争创国际先进水平。

3. 引进境外优质资源

加强与信誉良好的国际组织、跨国企业以及职业教育发达国家开展交流与合作,探索中外合作办学的新途径、新模式。支持专科高等职业院校学习和引进国际先进成熟适用的职业标准、专业课程、教材体系和数字化教育资源;选择类型相同、专业相近的国(境)外高水平院校联合开发课程,共建专业、实验室或实训基地,建立教师交流、学生交换、学分互认等合作关系;申办聘请外国专家(文教类)许可、举办高水平中外合作办学项目和机构。

4. 加强教师队伍建设

围绕提升专业教学能力和实践动手能力,健全专科高等职业院校专任教师的培养和继续教育制度。推进高水平大学和大中型企业共建"双师型"教师培养培训基地,探索"学历教育+企业实训"的培养办法;完善以老带新的青年教师培养机制;建立教师轮训制度;专业教师每五年企业实践时间累计不少于6个月。增强职业技术师范院校的职教教师培养能力。

加强以专业技术人员和高技能人才为主,主要承担专业课程教学和实践教学任务的兼职教师队伍建设。支持专科高等职业院校按照有关规定自主聘请兼职教师,学校在编制年度预算时应统筹考虑经费安排;加强兼职教师的职业教育教学规律与教学方法培训;支持兼职教师或合作企业牵头教学研究项目、组织实施教学改革;把指导学生顶岗实习的企业技术人员纳入兼职教师管理范围。将企事业单位兼职教师任教情况作为个人业绩考核的重要内容。兼职教师数按每学年授课160学时为1名教师计算。在有关民族地区加强双语双师型教师队伍建设。

5. 推进信息技术应用

顺应"互联网+"的发展趋势,构建国家、省、学校三级数字教育资源共建共享体系。国家级资源主要面向专业布点多、学生数量大、行业企业需求迫切的专业领域;省级资源根据本地发展需要和职业教育基础,与国家级资源错位规划建设;校级资源根据院校自身条件补充建设,突出校本特色。研制资源建设指南和监测评价体系,在保证公共服务基础上鼓励围绕应用成效展开竞争。探索建立高效率低成本的资源可持续开发、应用、共享、交易服务模式和运作机制。

应用信息技术改造传统教学,促进泛在、移动、个性化学习方式的形成。在现场实习安排困难或危险性高的专业领域,开发替代性虚拟仿真实训系统;针对教学中难以理解的复杂结构复杂运动等,开发仿真教学软件。推广教学过程与生产过程实时互动的远程教学。

推进落实职业院校数字校园建设相关标准;加快职业教育管理信息化平台建设,消除信息孤岛;将信息技术应用能力作为教师评聘考核的重要依据。办好全国职业院校信息化教学大赛。

6. 完善高等职业教育结构

推进高等学校分类管理,系统构建专科、本科、专业学位研究生培养体系。加快专科高等职业院校改革步伐,深化人才培养模式改革,提升应用技术创新服务能力,拓展社区教育和终身学习服务;持续缩减本科高校举办的就业率(不含升学)低的专科高等职业教育的规模,推动部分地方普通本科高等学校转型发展,引导一批独立学院发展成为应用技术类型高校,重点举办本科层次职业教育;推动产学结合培养专业学位研究生,强化实践能力培养;开展设立专科高等职业教育学位的可行性研究。

健全职业教育接续培养制度。加快高等职业教育标准体系制定工作;协调各级职业教育的专业设置与目录管理;系统设计接续专业的人才培养方案和教学内容安排;从专业设置入手规范初中起点五年制高职办学,强化专科高等职业院校的主导作用;探索区别于学科型人才培养的本科层次职业教育实现形式和培养模式。探索以学分转换和学力补充为核心的职普互通机制。推进毕业证书与职业资格证书对接。

7. 推动职业教育集团化发展

鼓励中央企业和行业龙头企业、行业部门、高等职业院校等,围绕区域经济发展对人才的需求,牵头组建职业教育集团,并按照属地化管理原则在省级教育行政部门备案。开展多元投入主体依法共建职业教育集团的改革试点,通过人员互聘、平台共享,探索建立基于产权制度和利益共享机制的集团治理结构与运行机制;建立基于学分转换的集团内部教学管理模式。支持有特色的专科高等职业院校以输出品牌、资源和管理的方式成立连锁型职业教育集团。积极吸收科研院所及其他社会组织参与职业教育集团。鼓励职业教育集团与跨国企业、境外教育机构等开展合作。

8. 促进区域协调发展

科学规划区域高等职业教育布局与发展。引导专科高等职业院校集中力量办好当地需要的特色优势专业(群)。探索基于增强发展能力的东中西部合作机制,支持东中西部学校联合办学,鼓励和支持东中部地区高等职业院校(或职教集团),通过托管、集团化办学等形式,对口支援西部地区职业教育发展。支援革命老区、西藏及四省藏区、新疆和集中连片特殊困难地区的专科高等职业院校提升办学基础能力和人才培养水平。深入推进地市级高等职业教育综合改革试点。

(二)增强院校办学活力

尊重和激发基层首创精神,以外部体制创新、内部机制改革、院校功能拓展为抓手增强院校办学活力,提高高等职业院校对市场的适应能力和自主发展能力。

1. 推进分类考试招生

健全"文化素质+职业技能"的考试招生办法。根据不同生源特点和培养需要,规范实施专科高等职业院校以高考为基础的考试招生、单独考试招生、综合评价招生、面向中职毕业生的技能考试招生、中高职贯通招生、技能拔尖人才免试招生。研究制订职业院校应届毕业生进入高层次学校学习的办法,拓宽和完善职业教育学生继续学习通道。逐步扩大高等职业院校招收有实践经历人员的比例。适度提高专科高等职业院校招收中等职业学校毕业生的比例和本科高等学校,特别是应用技术类型本科高校,招收职业院校毕业生的比例。

2. 建立学分积累与转换制度

推动专科高等职业院校逐步实行学分制,推进与学分制相配套的课程开发和教学管理制度改革,建立以学分为基本单位的学习成果认定积累制度;开展不同类型学习成果的积累、认定,建立全国统一的学习者终身学习成果档案(包含各类学历和非学历教育),设立学分银行;在坚持培养要求的基础上,探索普通本科高校、高等职业院校、成人高校、社区教育机构之间的学分转移与认定。

3. 探索混合所有制办学

深化办学体制改革,鼓励社会力量以资本、知识、技术、管理等要素参与公办高等职业院校改革。试点社会力量通过政府购买服务、委托管理等方式参与办学活力不足的公办高等职业院校改革。鼓励民间资金与公办优质教育资源嫁接合作,在经济欠发达地区扩大优质高等职业教育资源。鼓励企业和公办高等职业院校合作举办适用公办学校政策、具有混合所有制特征的二级学院。鼓励专业技术人才、高技能人才在高等职业院校建设股份合作制工作室。支持成立混合所有制高等职业院校联盟。鼓励行业企业办和民办高等职业院校建立教师年金制度。支持营利性民办高等职业院校探索建立股权激励机制。

4. 鼓励行业参与职业教育

健全与行业联合召开职业教育工作会议的机制,联合制定行业职业教育发展指导意见。支持行业根据发展需要举办高等职业教育,切实履行举办方责任。鼓励和支持行业加强对本系统、本行业高等职业院校的规划与指导;扶持行业加强指导能力建设;以购买服务方式支持行业职业教育教学指导委员会在规定的领域范围内自主开展工作,在指导专业和课程改革、协调师资队伍建设、推进校企合作、开展教学评价等方面发挥作用。推动建立行业人力资源需求预测、就业形势分析、专业预警定期发布制度。办好全国职业院校技能大赛。

5. 发挥企业办学主体作用

支持企业发挥资源技术优势举办高等职业院校,按照职业教育规律规范管理。鼓励企业将职工教育培训交由高等职业院校承担,鼓励企业与学校共建共管职工培训中心。支持企业建设兼具生产与教学功能的公共实训基地。规模以上企业设立专门机构(或人员)负责职工教育培训、对接高等职业院校,设立学生实习和教师实践岗位。支持地方各级政府在安排职业教育专项经费、制定支持政策、购买社会服务时,将企业举办的公办性质高等职业院校与其他公办院校同等对待。对企业因接收实习生所实际发生的与取得收入有关的合理支出,按现行税收法律规定在计算应纳税所得额时扣除。将企业开展职业教育的情况纳入企业社会责任报告。研制职业教育校企合作促进办法。

6. 落实高等职业院校办学自主权

按照中央关于分类推进事业单位改革的精神,构建政府、高校、社会新型关系,加快转变政府职能,督促地(市、州)政府进一步明确管理高等职业教育的职责与权限,进一步明确高等职业院校的办学权利和义务,更好落实学校办学主体地位。简政放权,支持学校自主确定教学科研行政等内部组织机构的设置和人员配备,支持高校面向社会依法依规自主公开招聘教学科研行政管理等各类人员、自主选聘教职工、自主确定内部收入分配;放管结合,健全以章程为统领规范行使办学自主权的制度体系;优化服务,履行好政府保基本的兜底责任和监管职责。

7. 支持民办教育发展

创新民办高等职业教育办学模式,社会声誉好、教学质量高、就业有保障的民办专科高等职业院校,可由省级政府统筹、在核定的办学规模内自主确定招生方案。落实教育、财税、土地、金融等支持政策,鼓励各类办学主体通过独资、合资、合作等形式举办民办高等职业教育,稳步扩大优质民办职业教育资源。以政府规划、社会贡献和办学质量为依据,探索政府通过"以奖代补"、购买服务等方式支持民办高等职业教育发展和鼓励社会力量参与高等职业教育办学的办法。

8.服务社区教育和终身学习

专科高等职业院校要发挥场地、设施、师资、教学实训设备、网络及教育资源优势,向社区开放服务;面向社区成员开展与生活密切相关的职业技能培训,以及民主法治、文明礼仪、保健养生、生态文明等方面的教育活动。开设养生保健、文化艺术、信息技术、家政服务、社会工作、医疗护理、园艺花卉、传统工艺等专业的职业院校,应结合学校特色率先开展老年教育。与社区教育机构建立联席会议制度,为社区居民代表参与学校发展规划和社区教育服务计划提供平台,协调社区企事业单位为学生实习实训提供条件,开展校园周边环境综合治理。

学历教育和非学历培训并举、全日制与非全日制并重发展多样化的职工继续教育,为劳动者终身学习提供更多机会。以职业道德、职业发展、就业准备、创业指导等为主要内容开展就业创业教育,为普通教育学生提供职业发展辅导,为劳动者多渠道多形式提高就业质量服务。鼓励专科高等职业院校主动承接政府和企事业单位组织的职业培训,按照国家有关规定开展退役士兵职业教育培训。

(三)加强技术技能积累

服务区域、产业发展和国家外交政策需要,紧密结合培养杰出人才和加强教师队伍建设,加强应用技术的传承应用研发能力,提高培养人才的水平和技术服务的附加值。

1. 服务中国制造 2025

根据区域发展规划和产业转型升级需要优化院校布局和专业结构，将专科高等职业院校建设成为区域内技术技能积累的重要资源集聚地。重点服务中国制造 2025，主动适应数字化网络化智能化制造需要，围绕强化工业基础、提升产品质量、发展制造业相关的生产性服务业调整专业、培养人才。优先保证新一代信息技术产业、高档数控机床和机器人、航空航天装备、海洋工程装备及高技术船舶、先进轨道交通装备、节能与新能源汽车、电力装备、农机装备、新材料、生物医药及高性能医疗器械产业相关专业的布局与发展。加强现代服务业亟需人才培养，加快满足社会建设和社会管理人才需求。

2. 支持优质产能"走出去"

配合国家"一带一路"战略，助力优质产能走出去，扩大与"一带一路"沿线国家的职业教育合作。主动发掘和服务"走出去"企业的需求，培养具有国际视野、通晓国际规则的技术技能人才和中国企业海外生产经营需要的本土人才。支持专科高等职业院校将国际先进工艺流程、产品标准、技术标准、服务标准、管理方法等引入教学内容；与积极拓展国际业务的大型企业联合办学，共建国际化人才培养基地；发挥专科高等职业院校专业优势，配合"走出去"企业面向当地员工开展技术技能培训和学历职业教育。

3. 深化校企合作发展

推动专科高等职业院校与当地企业合作办学、合作育人、合作发展，鼓励校企共建以现代学徒制培养为主的特色学院；以市场为导向多方共建应用技术协同创新中心。对于师生拥有自主知识产权的技术开发、产品设计、发明创造等成果，选择自主创业的，按规定给予启动资金贷款贴息、税费减免等政策扶持；与企业合作转化的，可按照法律规定在企业作价入股。支持学校与技艺大师、非物质文化遗产传承人等合作建立技能大师工作室,开展技艺传承创新等活动。

4. 加强创新创业教育

将学生的创新意识培养和创新思维养成融入教育教学全过程,按照高质量创新创业教育的需要调配师资、改革教法、完善实践、因材施教,促进专业教育与创新创业教育有机融合;集聚创新创业教育要素与资源,建设依次递进、有机衔接、科学合理的创新创业教育专门课程(群);充分利用各种资源建设大学科技园、大学生创业园、创业孵化基地和小微企业创业基地,作为创业教育实践平台;建立健全学生创业指导服务专门机构,做到"机构、人员、场地、经费"四到位,对自主创业学生实行持续帮扶、全程指导、一站式服务;举办全国大学生创新创业大赛,支持举办各类科技创新、创意设计、创业计划等专题竞赛。

探索将学生完成的创新实验、论文发表、专利获取、自主创业等成果折算为学分,将学生参与课题研究、项目实验等活动认定为课堂学习;为有意愿有潜质的学生制定创新创业能力培养计划,建立创新创业档案和成绩单,客观记录并量化评价学生开展创新创业活动情况;优先支持参与创新创业的学生转入相关专业学习;实施弹性学制,放宽学生修业年限,允许调整学业进程、保留学籍休学创新创业。

5. 开展现代学徒制培养

支持地方和行业引导、扶持企业与高等职业院校联合开展"现代学徒制"培养试点。校企共同制定和实施人才培养方案,试点学校主要负责理论课程教学、学生日常管理等工作,合作企业主要负责选派工程技术人员(能工巧匠)承担实践教学任务、组织实习实训;校企联合保障学生权益、保证合理报酬,按照国家有关规定落实学生责任保险和工伤保险。地方应允许符合条件的高等职业院校采用单独考试招生的办法从企业员工中招收符合本地高考报名条件的学生,使学生兼具企业员工身份;国家亟须专业经教育部同意可进行跨省招生试点。完善技术兵种与专科高等职业院校联合招收定向培养直招士官的组织方式和支持政策,支持技术兵种全程参与人才培养。

6. 培育新型职业农民

建立公益性农民培养培训制度,扶持涉农专科高等职业院校的发展和专业建设。提高涉农专科高等职业院校为三农服务的能力,围绕农业产业链和流通链培养培训适应科技进步和农业产业化需要的学生和新型职业农民,创新招生就业、人才培养、农学结合、校企合作、顶岗实习、社会服务等工作机制,推进农科教统筹、产学研合作;支持高等职业院校与涉农企业共建农业职业教育集团;构建覆盖全国、服务完善的现代职业农民教育网络。推进城乡区域合作,引导各地将项目、资金、设备、人才向涉农专科高等职业院校倾斜,动员相关行业、企业、高等学校、科研院所等参与专业建设,特别加大对农业、水利、林业、粮食和供销等涉农行业职业教育的支持力度。

7. 促进文化传承创新与传播

深化文化艺术类职业教育改革,重点培养文化创意人才、基层文化人才,传承创新民族文化与工艺。加强文化创意、影视制作、出版发行等重点文化产业技术技能人才的培养;依托职业教育体系,保护、传承和创新民族传统工艺与非物质文化遗产,培养各民族文艺人才。支持高等职业院校加强民族文化和民间技艺相关专业的建设和人才培养。提升民族地区的高等职业院校支持当地特色优势产业、基本公共服务、社会管理的能力。

8. 扩大职业教育国际影响

广泛参与国际职业教育合作与发展。加强与职业教育发达国家的政策对话,探索对发展中国家开展职业教育援助的渠道和政策。积极参与职业教育国际标准与规则的研究制定,开发与之对应的专业标准和课程体系,扩大国际话语权、增强国家软实力。提高高等职业院校专业教师的外语交流能力,鼓励示范性和沿边地区高等职业院校利用学校品牌和专业优势吸引境外学生来华学习,并不断扩大规模;支持专科高等职业院校到国(境)外办学,为周边国家培养熟悉中华传统文化、当地经济发展亟须的技术技能人才。推进全国职业院校技能大赛国际化。

(四)完善质量保障机制

落实各级政府责任,放管结合完善依法治校,逐步形成政府依法履职、院校自主保证、社会广泛参与,教育内部保证与教育外部评价协调配套的现代职业教育质量保障机制。

1. 提高经费保障水平

落实生均拨款政策,建立多渠道筹资机制,提高经费保障水平。各地应引导激励行政区域内各地市级政府(单位)建立完善以改革和绩效为导向的专科高等职业院校生均拨款制度,保证学校正常运转、保障基本教学条件、提升内涵建设水平、支撑院校综合改革。生均拨款制度应当覆盖本地区所有独立设置的公办高等职业院校;举办高等职业院校的有关部门和单位,应当参照院校所在地公办高等职业院校的生均拨款标准,建立完善所属高等职业院校生均拨款制度。2017 年,本省专科高等职业院校年生均财政拨款平均水平不低于 12000 元。学费收入优先保证学校基本教学方面的支出。

2. 完善院校治理结构

落实《高等学校章程制定暂行办法》,建立健全依法自主管理、民主监督、社会参与的高等职业院校治理结构。完成高等职业院校章程制定、修订工作。坚持和完善公办高等职业院校党委领导下的校长负责制,提升学校的资源整合、科学决策和战略规划能力,开展校长公开选拔聘任试点。推动高等职业院校设立有办学相关方代表参加的理事会或董事会机构,发挥咨询、协商、审议与监督作用。设立校级学术委员会,作为校内最高学术机构,统筹行使学术事务的决策、审议、评定和咨询等职权,发挥在专业建设、学术评价、学术发展和学风建设等事项上的重要作用。结合实际需要,根据条件设立校级专业指导委员会,指导促进专业建设与教学改革。加强风险安全制度建设。

3. 完善质量年报制度

巩固学校、省和国家三级高等职业教育质量年度报告制度,进一步提高年度质量报告的量化程度、可比性和可读性。专科高等职业院校和省级教育行政部门每年发布质量报告;支持第三方撰写发布国家高等职业教育质量年度报告;强化对报告发布情况和撰写质量的监督管理。稳步推进高等职业院校人才培养工作状态数据管理系统的建设、部署与应用,逐步加强状态数据在宏观管理、行政决策、院校治理、教学改革、年度报告中的基础性作用。

4. 建立诊断改进机制

以高等职业院校人才培养工作状态数据为基础,开展教学诊断和改进(以下简称诊改)工作。加强分类指导,保证新建高等职业院校基本办学质量,推动高等职业院校全面建立完善内部质量保证体系,支持优质高等职业院校实现更高水平发展。教育部牵头研制高等职业院校教学工作诊改指导方案,针对高等职业院校不同发展阶段特点确定诊改重点,供地方和院校参照施行;省级教育行政部门负责统筹推进行政区域内高等职业院校诊改工作,根据需要抽样复核诊改工作质量;院校举办方协同高等职业院校自主诊断、切实改进。

支持对用人单位影响力大的行业组织开展专业层面的教学诊改试点,以行业企业用人标准为依据,通过结果评价、结论排名、建议反馈的形式,倒逼职业院校的专业改革与建设,职业院校自愿参加。专业诊改方案由相关行业制订、教育部认可后实施。

5.改进高职教师管理

完善教师专业技术职务(职称)评聘办法,将师德表现、教学水平、应用技术研发成果与社会服务成效等作为高等职业院校教师专业技术职务(职称)评聘和工作绩效考核的重要内容,有条件的地方可以实行单独评审。鼓励高等职业院校制定和执行反映自身发展水平的"双师型"教师标准(不低于2008年《高等职业院校人才培养工作评估方案》规定的标准)。根据职业教育特点、比照本科高等学校核定公办专科高等职业院校教职工编制;新增教师编制主要用于引进具有实践经验的专业教师。推动教师分类管理、分类评价的人事管理制度改革;全面推行按岗聘用、竞聘上岗;制订体现高等职业教育特点的教师绩效评价标准,绩效工资内部分配向"双师型"教师适当倾斜。原则上55岁以下的教授、副教授每学期至少讲授一门课程。

6.加强相关理论研究

加强国家级、省级、市(地)级职业教育科研机构建设,加强高等职业教育改革发展的宏观政策研究和热点难点问题研究,开展指导教育教学改革和相关标准建设的理论研究。各地应统筹高等职业教育研究工作,加强高等职业教育研究机构和队伍建设,加大投入支持相关研究工作。鼓励有条件的高等职业院校建立专门教育研究机构,发挥学校人才、信息、资源聚集的优势,引导广大教师围绕专业建设、课程改革、实践教学、终身学习等方面开展教学研究。

(五)提升思想政治教育质量

加强以职业道德培养和职业素质养成为特点的高等职业教育学生思想政治教育工作,着力培养既掌握熟练技术,又坚守职业精神的技术技能人才。

1. 加强和改进学生思想政治教育工作

深入开展中国特色社会主义和中国梦教育,在广大师生中积极培育和践行社会主义核心价值观,引导大学生关心国家命运,自觉把个人理想与国家梦想、个人价值与国家发展结合起来。规范形势与政策教育教学,加强民族团结教育,加强中华优秀传统文化教育,深入开展"我的中国梦"主题教育活动,推进学雷锋活动常态化。健全学生思想政治教育长效机制,创新网络思想政治教育方式方法。提高高校思想政治理论课实效,推进辅导员队伍专业化、职业化建设,扶持学生优秀社会实践活动,加强心理健康教育与咨询机构建设,全面推进《全国大学生思想政治教育质量测评体系(试行)》。创建平安校园、和谐校园。

2. 促进职业技能培养与职业精神养成相融合

加强文化素质教育,坚持知识学习、技能培养与品德修养相统一,将人文素养和职业素质教育纳入人才培养方案,加强文化艺术类课程建设,完善人格修养,培育学生诚实守信、崇尚科学、追求真理的思想观念。贯彻落实《高等学校体育工作基本标准》,促进学生身心健康;充分发挥校园文化对职业精神养成的独特作用,推进优秀产业文化进教育、企业文化进校园、职业文化进课堂,将生态环保、绿色节能、循环经济等理念融入教育过程;利用学校博物馆、校史馆、图书馆、档案馆等,发挥学校历史沿革、专业发展历程、杰出人物事迹的文化育人作用。围绕传播职业精神组织第二课堂,弘扬以德为先、追求技艺、重视传承的中华优秀传统文化。发挥学生党支部、共青团、学生会、学生社团的作用,与政府、行业、企业合作开展内容丰富、形式新颖、传递正能量的实践育人活动和校园文化活动。注重用优秀毕业生先进事迹教育引导在校学生。

三、保障措施

本计划是今后一个时期高等职业教育战线贯彻 2014 年全国职业教育工作会议精神和落实全国人大常委会职业教育法执法检查有关要求,深入推进改革发展的路线图,各地必须高度重视,保证落实。

(一)加强组织领导

教育部负责协调国务院相关部门牵头制定国家层面的政策、制度和标准,省级政府是实施行动计划的责任主体。各地教育行政部门要充分发挥统筹规划、宏观管理作用,主动协调配合发展改革、财政、人社、农业、扶贫等有关部门,协调项目预算、保证任务落实。各地要发挥职业教育工作部门联席会议作用,根据本行动计划内容,结合实际制定好落实方案;按照国家财政体制改革要求,统筹各类教育培训经费,保证落实方案的顺利实施;推动职业教育改革试验区和体制改革试点先行先试,出台政策、配套条件,有效解决瓶颈问题。

(二)强化管理督查

各地要逐级按照职能分工量化落实方案,逐级分解任务、明确目标、落实责任,确定时间表和任务书,实行项目管理;将落实方案执行情况列入省政府督查范围,将目标责任完成情况作为督查对象业绩考核的重要内容。省级教育行政部门要充分发挥业务指导作用,会同有关部门加强对相关工作的日常指导、检查与跟踪,及时总结经验、发现问题,根据实际需要不断完善工作要求。行业部门要引导和督促相关行业企业制定和执行实施方案。鼓励社会各界对计划实施情况进行监督。教育部将汇总整理各地申请承担的任务及量化指标、统筹梳理各地自主申请的项目及建设方案予以发布,同时做好事中监督管理、事后检查验收工作；各地实际任务及项目的完成情况将作为中央财政改革绩效奖补、国家职业教育改革发展试验区和"国家教育体制改革试点"布局和验收的重要依据。

(三)营造良好环境

鼓励各地根据需要出台职业教育条例、校企合作促进办法等地方性法规，优化区域政策环境。坚持"先培训、后就业""先培训、后上岗"的原则；消除城乡、行业、学校、身份、性别等一切影响平等就业的制度障碍和就业歧视；深化收入分配制度改革，切实提高劳动报酬在初次分配中的比重。按照国家有关规定完善职业教育先进单位和先进个人表彰奖励制度，定期开展职业教育活动周宣传教育工作。通过主流媒体和各种新兴媒体，广泛宣传高等职业教育方针政策、高等职业院校先进经验和技术技能人才成果贡献，引导全社会树立重视职业教育的理念，促进形成"劳动光荣、技能宝贵、创造伟大"的社会氛围。

附件：

高等职业教育创新发展行动计划任务、项目一览表

任务一览表

序号	工作任务	负责单位	时间进度
一、扩大优质教育资源			
RW-1	加强与信誉良好的国际组织、跨国企业以及职业教育发达国家开展交流与合作	教育部（国际司、职成司）、省级教育行政部门、相关行业职业教育教学指导委员会	持续推进
RW-2	学习和引进国际先进成熟适用的职业标准、专业课程、教材体系和数字化教育资源	省级教育行政部门、高等职业院校	持续推进
RW-3	选择类型相同、专业相近的国（境）外高水平院校联合开发课程，共建专业、实验室或实训基地，建立教师交流、学生交换、学分互认等合作关系	省级教育行政部门、高等职业院校	持续推进
RW-4	支持高等职业院校申办聘请外国专家（文教类）许可	教育部（国际司、职成司）、省级教育行政部门、高等职业院校	持续推进
RW-5	举办高水平中外合作办学项目和机构	教育部（国际司、职成司）、省级教育行政部门、高等职业院校、相关行业职业教育教学指导委员会	

序号	工作任务	负责单位	时间进度
RW-6	完善以老带新的青年教师培养机制;建立教师轮训制度;专业教师每五年企业实践时间累计不少于6个月	省级教育行政部门、高等职业院校	持续推进
RW-7	高等职业院校专业骨干教师国家级、省级培训计划	教育部(教师司、职成司)、省级教育行政部门、相关行业职业教育教学指导委员会	2016年出台措施,持续推进
RW-8	加强职业技术师范院校建设	有关省级教育行政部门	持续推进
RW-9	支持专科高等职业院校按照有关规定自主聘请兼职教师;加强兼职教师的职业教育教学规律与教学方法培训;支持兼职教师或合作企业牵头申报教学研究项目、组织实施教学改革;把指导学生顶岗实习的企业技术人员纳入兼职教师管理范围。核算教师总数时,兼职教师数按每学年授课160学时为1名教师计算。	省级教育行政部门、高等职业院校、相关行业职业教育教学指导委员会	2016年出台措施,持续推进
RW-10	在有关民族地区加强双语双师型教师队伍建设	教育部(民族司、教师司)、有关省级教育行政部门、有关高等职业院校	持续推进
RW-11	推动落实《职业院校数字校园建设规范》,建设高等职业教育人才培养工作状态数据管理系统	教育部(科技司、职成司、信推办)、省级教育行政部门、高等职业院校	持续推进
RW-12	将信息技术应用能力作为教师评聘考核的重要依据	省级教育行政部门、高等职业院校	2016年底前出台措施,持续推进
RW-13	办好全国职业院校信息化教学大赛	教育部(职成司)	持续推进

序号	工作任务	负责单位	时间进度
RW-14	发布实施"关于引导部分地方普通本科高校向应用型转变的指导意见";探索本科层次职业教育实现形式和培养模式	教育部(规划司、高教司)、省级教育行政部门	2016年底前出台措施,持续推进
RW-15	开展设立专科高等职业教育学位的可行性研究	教育部(职成司、学位办)	2018年底前完成
RW-16	编制"高等职业学校建设标准";研究修订《普通高等学校设置暂行条例》	教育部(规划司)	2016年底前完成
RW-17	修订一批专科高等职业教育专业教学标准和实验实训装备技术标准	教育部(职成司)、相关行业职业教育教学指导委员会	2018年底前完成
RW-18	修订"高等职业院校专业目录"和"高等职业院校专业设置管理办法";到2017年,专科职业教育在校生达到1420万人	教育部(职成司、规划司)、省级教育行政部门	2016年底前出台措施
RW-19	落实《教育部关于深入推进职业教育集团化办学的意见》,研制"示范性职业教育集团建设方案与管理办法"	教育部(职成司)、省级教育行政部门、相关行业职业教育教学指导委员会	2016年底前出台,持续推进
RW-20	持续缩减本科高校举办专科高等职业教育的规模	教育部(规划司)、省级教育行政部门	持续推进
二、增强院校办学活力			
RW-21	规范落实《教育部关于积极推进高等职业教育考试招生制度改革的指导意见》;研究制订职业院校学生进入高层次学校学习的办法;2016年通过分类考试录取的学生占高等职业院校招生总数的一半左右,2017年成为主渠道;逐步提高专科高等职业院校招收中等职业学校毕业生的比例和本科高等学校招收职业院校毕业生的比例	教育部(学生司、规划司)、省级教育行政部门	2016年底前出台措施,持续推进

续　表

序号	工作任务	负责单位	时间进度
RW-22	研制"关于推进学习成果积累与转换工作的指导意见"	教育部（职成司）	2016 年出台意见；2018 年底前完成网络平台建设，开展学习成果积累与转换试点
RW-23	试点社会力量通过购买、承租、委托管理等方式参与办学活力不足的公办高等职业院校改革。鼓励民间资本与公办优质教育资源嫁接合作，在经济欠发达地区扩大优质高等职业教育资源。鼓励探索建立行业企业办和民办高等职业院校教师年金制度，探索在营利性民办高等职业院校实行职工持上市股	省级教育行政部门、相关高等职业院校	2016 年出台措施，持续推进
RW-24	开展建设混合所有制高等职业院校的理论与实践课题研究	省级教育行政部门、相关高等职业院校、相关行业职业教育教学指导委员会	2018 年底前完成
RW-25	成立混合所有制高等职业院校联盟	相关高等职业院校	2018 年底前完成
RW-26	以购买服务方式支持行业职业教育教学指导委员会在规定的领域范围内自主开展工作	教育部（职成司）	持续推进
RW-27	每年举办一次全国职业院校技能大赛，推进全国职业院校技能大赛国际化	教育部（职成司、国际司），相关部委、行业协会、企业	持续推进
RW-28	落实《教育部 人力资源社会保障部关于推进职业院校服务经济转型升级面向行业企业开展职工继续教育的意见》	教育部（职成司）、省级教育行政部门、高等职业院校、相关行业职业教育教学指导委员会	持续推进

序号	工作任务	负责单位	时间进度
RW-29	地方各级政府在安排职业教育专项经费、制定支持政策、购买社会服务时,将企业举办的公办性质高等职业院校与其他公办院校同等对待	省级教育行政部门	持续推进
RW-30	研制"职业教育校企合作促进办法"	教育部(职成司、政法司)	2016 年出台
RW-31	贯彻落实国家教育体制改革领导小组办公室《关于进一步落实和扩大高校办学自主权完善高校内部治理结构的意见》,落实和扩大专科高等职业院校办学自主权,支持学校自主确定教学科研行政等内部组织机构的设置和人员配备,支持高校面向社会依法依规自主公开招聘教学科研行政管理等各类人员、自主选聘教职工、自主确定内部收入分配	省级教育行政部门、高等职业院校	持续推进
RW-32	落实教育、财税、土地、金融等支持政策,鼓励各类办学主体通过独资、合资、合作等形式举办民办高等职业教育,稳步扩大优质民办职业教育资源	教育部(规划司)、省级教育行政部门	持续推进
RW-33	以政府规划、社会贡献和办学质量为依据,探索政府通过"以奖代补"、购买服务等方式支持民办高等职业教育发展和鼓励社会力量参与高等职业教育办学的办法	省级教育行政部门	2016 年底前出台措施,持续推进
RW-34	社会声誉好、教学质量高、就业有保障的民办专科高等职业院校,可由省级政府统筹、在核定的办学规模内自主确定招生方案	教育部(规划司、学生司)、省级教育行政部门	2016 年底前出台措施,持续推进
RW-35	专科高等职业院校积极开展社区教育、老年教育活动;建立专科高等职业院校和社区教育机构联席会议制度	省级教育行政部门、高等职业院校	2016 年底前出台措施,持续推进

序号	工作任务	负责单位	时间进度
	三、加强技术技能积累		
RW-36	优化院校布局、调整专业结构	省级教育行政部门、相关行业职业教育教学指导委员会	持续推进
RW-37	建立产业结构调整驱动专业设置与改革、产业技术进步驱动课程改革的机制	省级教育行政部门、高等职业院校、相关行业职业教育教学指导委员会	持续推进
RW-38	重点服务中国制造2025，主动适应数字化网络化智能化制造需要，围绕强化工业基础、提升产品质量、发展制造业的相关的生产性服务业调整专业、培养人才	省级教育行政部门、高等职业院校、相关行业职业教育教学指导委员会	持续推进
RW-39	优先保证新一代信息技术产业、高档数控机床和机器人、航空航天装备、海洋工程装备及高技术船舶、先进轨道交通装备、节能与新能源汽车、电力装备、农机装备、新材料、生物医药及高性能医疗器械产业相关专业的布局与发展	省级教育行政部门、高等职业院校、相关行业职业教育教学指导委员会	持续推进
RW-40	加强现代服务业亟需人才培养，加快满足社会建设和社会管理人才需求	省级教育行政部门、高等职业院校、相关行业职业教育教学指导委员会	持续推进
RW-41	扩大与"一带一路"沿线国家的职业教育合作；服务"走出去"企业需求，培养具有国际视野、通晓国际规则的技术技能人才和中国企业海外生产经营需要的本土人才；配合"走出去"企业面向当地员工开展技术技能培训和学历职业教育；支持专科高等职业院校国（境）外办学，为周边国家培养熟悉中华传统文化、当地经济发展亟需的技术技能人才	省级教育行政部门、高等职业院校、相关行业职业教育教学指导委员会	持续推进

序号	工作任务	负责单位	时间进度
RW-42	促进专业教育与创新创业教育有机融合;利用各种资源建设大学科技园、大学生创业园、创业孵化基地和小微企业创业基地,作为创业教育实践平台	省级教育行政部门、高等职业院校	持续推进
RW-43	探索将学生完成的创新实验、论文发表、专利获取、自主创业等成果折算为学分,将学生参与课题研究、项目实验等活动认定为课堂学习;优先支持参与创新创业的学生转入相关专业学习;实施弹性学制,放宽学生修业年限,允许调整学业进程、保留学籍休学创新创业	省级教育行政部门、高等职业院校	持续推进
RW-44	地区、有关部门整合发展财政和社会资金,支持高校学生创新创业活动。高等职业院校优化经费支出结构,多渠道统筹安排资金,支持创新创业教育教学,资助学生创新创业项目	省级教育行政部门、高等职业院校	持续推进
RW-45	举办全国大学生创新创业大赛	教育部(高教司、职成司)	2016 年底前启动
RW-46	加强文化创意、影视制作、出版发行等重点文化产业技术技能人才的培养;提升民族地区的高等职业院校支持当地特色优势产业、基本公共服务、社会管理的能力	省级教育行政部门	持续推进
RW-47	加强与职业教育发达国家的政策对话,探索对发展中国家开展职业教育援助的渠道和政策	教育部(国际司、职成司)、省级教育行政部门、高等职业院校、相关行业职业教育教学指导委员会	持续推进
RW-48	鼓励示范性和沿边地区高等职业院校利用学校品牌和专业优势,积极吸引境外学生来华学习	省级教育行政部门、高等职业院校、相关行业职业教育教学指导委员会	持续推进

27

序号	工作任务	负责单位	时间进度
四、完善质量保障机制			
RW-49	落实高等职业院校生均拨款政策,引导激励地市级政府(单位)建立高职生均经费制度。到2017年本省专科高等职业院校生均拨款平均水平不低于12000元	省级教育行政部门	2017年达到标准,持续推进
RW-50	完成高等职业院校章程制定、修订工作	省级教育行政部门、高等职业院校	2015年底前完成
RW-51	推动高等职业院校参照《高等学校学术委员会规程》设立学术委员会;一批(不少于20%)专科高等职业院校参照《普通高等学校理事会规程(试行)》设立理事会或董事会机构	省级教育行政部门、高等职业院校	2016年底前出台措施,持续推进
RW-52	巩固学校、省和国家三级高等职业教育质量年度报告制度,进一步提高年度质量报告的量化程度、可比性和可读性;强化对报告发布情况和撰写质量的监督管理	教育部(职成司)、省级教育行政部门、高等职业院校	持续推进
RW-53	加强分类指导,以人才培养工作状态数据为基础,开展高职院校教学诊断和改进工作	教育部(职成司)、省级教育行政部门、高等职业院校	2016年启动相关工作,持续推进
RW-54	一批省份发布实施职业院校教师专业技术职务评聘办法	省级教育行政部门	2018年底前完成
RW-55	一批国家示范(骨干)高等职业院校制定执行反映自身发展水平、不低于国家规定标准的"双师型"教师标准	省级教育行政部门、高等职业院校	2018年底前完成
RW-56	推动教师分类管理、分类评价的人事管理制度改革;全面推行按岗聘用、竞聘上岗	省级教育行政部门、高等职业院校	2018年底前出台措施

序号	工作任务	负责单位	时间进度
RW-57	制订体现高等职业教育特点的教师绩效评价标准;55 岁以下的教授、副教授每学期至少讲授一门课程	省级教育行政部门、高等职业院校	2018 年底前出台措施
RW-58	加强高等职业教育研究机构和队伍建设,加大投入支持相关研究工作;有条件的高等职业院校建立专门教育研究机构,开展教学研究	省级教育行政部门、高等职业院校	2016 年底前出台措施,持续推进
五、提升思想政治教育质量			
RW-59	贯彻落实《高等学校辅导员职业能力标准(暂行)》	省级教育行政部门、高等职业院校	持续推进
RW-60	健全学生思想政治教育长效机制;高职院校按师生比 1∶200 配备辅导员;心理健康教育全覆盖	教育部(思政司)、省级教育行政部门、高等职业院校	2018 年底前完成
RW-61	全面推进《全国大学生思想政治教育质量测评体系(试行)》	省级教育行政部门、高等职业院校	持续推进
RW-62	创建平安校园、和谐校园	省级教育行政部门、高等职业院校	持续推进
RW-63	落实《高等学校体育工作基本标准》	教育部(体卫艺司)、省级教育行政部门、高等职业院校	持续推进
RW-64	加强文化素质教育;加强校园文化建设;支持学生社团活动	省级教育行政部门、高等职业院校	持续推进
RW-65	促进职业技能培养与职业精神养成相融合	省级教育行政部门、高等职业院校、相关行业职业教育教学指导委员会	持续推进

项目一览表

序号	工作任务	负责单位	时间进度
一、扩大优质教育资源			
XM-1	骨干专业建设（3000 个左右）	省级教育行政部门、相关行业职业教育教学指导委员会	2016 年出台措施，2018 年底前完成
XM-2	校企共建的生产性实训基地建设（1200 个左右）	省级教育行政部门、相关行业职业教育教学指导委员会	2016 年出台措施，2018 年底前完成
XM-3	优质专科高等职业院校建设（200 所左右）	省级教育行政部门	2016 年出台措施，2018 年底前完成
XM-4	"双师型"教师培养培训基地建设（500 个左右）	省级教育行政部门、高等职业院校、相关行业职业教育教学指导委员会	2018 年底前完成
XM-5	新建一批国家级职业教育专业教学资源库和国家精品在线开放课程	教育部（职成司、高教司、财务司）	2018 年底前完成
XM-6	立项建设省级高等职业教育专业教学资源库（200 个左右）和精品在线开放课程（1000 门左右）	省级教育行政部门	持续推进，2018 年完成
XM-7	建成一批职业能力培养虚拟仿真实训中心（50 个左右）	省级教育行政部门、相关行业职业教育教学指导委员会	2018 年底前完成
XM-8	建设一批骨干职业教育集团（180 个左右）；遴选 10 个省份开展多元投入主体依法共建职业教育集团的改革试点	省级教育行政部门、有关行业、企业、高等职业院校、相关行业职业教育教学指导委员会	2018 年底前完成

序号	工作任务	负责单位	时间进度
XM-9	建设一批连锁型职教集团（20个左右）	省级教育行政部门、高等职业院校	2018年底前完成
XM-10	支持东中部地区高职院校（职教集团）对口支援西部职业院校；支援革命老区、西藏及四省藏区、新疆和集中连片特殊困难地区的专科高等职业院校提升办学基础能力和人才培养水平（400校次左右）	教育部（职成司、财务司、民族司）、有关省级教育行政部门	2016年出台措施
	二、增强院校办学活力		
XM-11	支持公办高等职业院校和企业合作举办适用公办学校政策、具有混合所有制特征的二级学院（100个左右）	省级教育行政部门、相关高等职业院校	2016年出台措施，持续推进
XM-12	与行业联合召开行业职业教育工作会议（5个以上），联合制定行业职业教育改革发展指导意见	教育部（职成司）、相关行业组织	2018年底前完成
XM-13	发布行业人才需求预测和专业设置指导报告（40个左右）	相关行业职业教育教学指导委员会	2018年底前完成
XM-14	研制"关于进一步推进社区教育改革发展的意见"；公布一批全国社区教育实验区和示范区	教育部（职成司）	2016年底前出台意见，持续推进
	三、加强技术技能积累		
XM-15	开展现代学徒制试点（500个左右），校企共建以现代学徒制培养为主的特色学院	省级教育行政部门、高等职业院校、相关行业职业教育教学指导委员会	2016年出台措施，2018年底前完成
XM-16	以市场为导向多方共建应用技术协同创新中心（500个左右）	省级教育行政部门、高等职业院校、相关行业职业教育教学指导委员会	2016年出台措施，2018年底前完成

序号	工作任务	负责单位	时间进度
XM-17	与技艺大师、非物质文化遗产传承人等合作建立技能大师工作室（100 个左右）	省级教育行政部门、相关行指委、高等职业院校	2016 年出台措施，2018 年底前完成
XM-18	开发建设一批创新创业教育专门课程（群）	省级教育行政部门、高等职业院校	2018 年底前完成
XM-19	新组建一批农业职教集团；省部共建一批国家涉农职业教育改革试验区	教育部（职成司）、省级教育行政部门、有关行业	2018 年底前完成
XM-20	建设一批全国职业院校民族文化传承与创新示范专业点（100 个左右）	教育部（职成司）、省级教育行政部门	2018 年底前完成
四、完善质量保障机制			
XM-21	支持对用人单位影响力大的行业组织开展专业层面的教学诊改试点	教育部（职成司）、相关行业	2016 年开始试点
五、提升思想政治教育质量			
XM-22	深入开展中国特色社会主义和中国梦教育，在广大师生中积极培育和践行社会主义核心价值观，遴选一批特色校园文化品牌（100 个左右）	教育部（思政司）、高等职业院校	2018 年底前完成

教育部职业教育与成人教育司负责人就《高等职业教育创新发展行动计划(2015—2018 年)》答记者问

日前,教育部印发了《高等职业教育创新发展行动计划(2015—2018 年)》。教育部职业教育与成人教育司负责人就有关问题回答了记者提问。

1.《行动计划》出台的背景和意义是什么?

答:近年来,高等职业教育蓬勃发展,截至 2014 年底,全国高等职业院校 1327 所,在校生 1006.6 万人,为服务国家经济转型升级培养了大量高层次技术技能人才。高等职业教育已经成为中国高等教育的半壁江山,为实现高等教育大众化发挥了基础性和决定性作用,成为加快推进现代职业教育体系建设的中坚。

新形势下,高等职业教育的发展和管理面临新的挑战:一是"中国制造 2025""互联网+""大众创业、万众创新""精准扶贫""一带一路"等重大国家战略为高等职业教育培育技术技能人才提出了新要求;二是"简政放权、放管结合、优化服务"的政府职能转变要求,需要教育部进一步改进对高等职业教育的管理方式,切实加强省级教育统筹;三是根据国家深化财税体制改革总体部署,中央财政逐步加大一般性转移支付,减少专项转移支付,主要以"综合奖补"的形式支持省级政府推进高职教育改革发展。四是部分高等职业院校依然存在着办学定位不清晰、培养模式不符合技术技能人才培养规律、教师队伍素质不能适应科学技术变革创新步伐、实习实训条件不足等问题。

《国务院关于加快发展现代职业教育的决定》强调要"创新发展高等职业教育";教育部等六部委发布的《现代职业教育体系建设规划（2014—2020 年）》(简称《规划》)指出要"优化高等职业教育结构";全国人大常委会职业教育法执法检查对加快发展现代职业教育提出新要求。为应对发展挑战、顺应国家要求,我们研究制定了《行动计划》,使地方和高职战线固化改革成果、面向"十三五"布局改革发展有章可循。《行动计划》坚持问题导向,直面发展难题,总结各地实践经验,规划设计了一系列政策制度和任务项目,将进一步优化高职教育培养结构,加快完善高职发展机制,保证提升发展质量,实际提高高职服务国家发展战略能力。

2. 据我们了解,《行动计划》于 2014 年 10 月即已对外征求意见,到今年 10 月份发文,历时一年多。能否介绍一下起草过程与征求意见情况。

答:《行动计划》是教育部党组确定的《国务院关于加快发展现代职业教育的决定》的配套文件,几乎与全国职教会同步酝酿,在广泛听取战线和专家意见的基础上确定工作思路和举措,2014 年 8 月开始起草,2014 年 10 月第一次公开向国务院相关部委、省级教育行政部门和行业职业教育指导委员会征求意见,补充修改后于今年 2 月经部党组会议讨论后重新调整结构并再次进行了修改。2015 年 9 月,在教育部门户网站面向社会公开征求意见。2014 年 10 月至 2015 年 10 月间,先后进行了 10 余次较大的修改,最终形成目前的文本。

3.《行动计划》整体框架和主要内容是什么?

答:《行动计划》以提升高等职业教育发展质量为主线,按照综合改革的要求谋篇布局,全文包括三部分内容:

第一部分"总体要求",主要明确指导思想、基本原则和主要目标。

第二部分"主要任务与举措",围绕高职改革梳理了"扩大优质教育资源""增强院校办学活力""加强技术技能积累""完善质量保障机制""提升思想政治教育质量"等 5 个方面 32 条内容。第三部分"保障措施",明确了落实《行动计划》的组织领导、绩效管理和环境营造。

《行动计划》最后附"任务、项目一览表",总结梳理了 65 项任务和 22 个项目,便于各任务和项目的确认、执行、管理与考核。

4.《行动计划》有哪些主要特点?

答:一是统筹高职教育改革。《行动计划》将现代职业教育体系理念贯穿始终,以指导推动专科层次高等职业教育创新发展作为主要任务,兼顾应用技术类型本科和专业学位研究生教育改革;涵盖了高等职业院校培养技术技能人才、服务企业技术研发和产品升级、服务社区教育和终身学习三大功能;囊括了高职的教育教学改革、办学模式改革和院校治理能力提升。《行动计划》全面综合了教育部对高等职业教育发展的各方面要求。

二是强调地方统筹作用。《行动计划》的实施方式是我部顺应政府职能转变和国家财税体制改革要求改革高职教育管理办法的新尝试,旨在加快形成"教育部规划管理、省级统筹保障、院校自主实施"的高等职业教育管理新模式。我部主要是通过制定《行动计划》,明确改革发展任务、加强事中事后监管、引导地方经费用向;省级政府是实施《行动计划》责任主体,充分发挥统筹和保障作用,所列 87 个任务和项目中,由省级政府牵头落实或参与落实的有 71 项,占到 81.61%。

三是重在落细落小落实。"一分部署,九分落实"。《行动计划》重在推进《决定》等文件要求的落地,而非政策创新。《行动计划》所附"任务、项目一览表",明确了每项任务的落实部门单位和时间进度。我们将建立信息化的任务项目管理系统,加强监管考核,确保各项任务和项目落到实处。

5.我们注意到,《行动计划》专门分解出 65 项任务、22 个项目。为何这样设计？任务和项目有何区别？

答:"图难于其易,为大于其细",为了便于《行动计划》落实,《行动计划》设计了"任务、项目一览表",将主要内容细化分解出 65 项任务和 22 个项目,将难以量化执行的归类为任务,将可以量化执行的细化为项目。目的在于方便各地结合实际情况自主提出承担愿望,也保证《行动计划》实施的绩效。我们将以"有预算支持的优先、实施方案可操作性强的优先、预期成果量化程度高的优先"为原则,在各地自主上报的基础上,于总体规模内择优安排。

6.《行动计划》将如何贯彻落实？

答:"天下大事必作于细"。《行动计划》的一个突出特点,就是将 65 项任务和 22 个项目分解到部门、地方、行业协会、行指委和高职院校,明确各方的职责和时限要求。为落实《行动计划》提出的各项任务,我们将重点抓好三方面工作:

一是加大宣传力度。充分运用各种途径宣传文件内容,组织专家解读,引导各地、各高职院校结合自身需要,正确认识、积极承担相关任务、参与相关项目。

二是加强沟通协调。加强与各地方和各部门之间的沟通协调,尽快部署启动各地和行指委的任务项目确认工作,研制相关实施方案,安排相应支持经费。

三是加强督导检查。启动任务项目管理系统,利用信息技术做好事中监督管理、事后检查验收;将落实方案执行情况列入省政府督查范围,将目标责任完成情况作为督查对象业绩考核的重要内容;将各地实际任务及项目的完成情况作为中央财政改革绩效奖补、国家职业教育改革发展试验区和"国家教育体制改革试点"布局和验收的重要依据。

7.《行动计划》的主题是"创新发展","创新"的主要体现有哪些?

答:近年来,伴随中国经济在世界上的独树一帜,我国的高等职业教育业走出了一条独具中国特色的"产教融合、校企合作"发展路子,积累了大量创新发展的经验和能力。《行动计划》指出了高职创新发展的6个方面:

一是发展动力:由政府主导向院校自主转变。《行动计划》贯彻落实国家教育体制综合改革要求,出台诸多政策举措保障院校自主权。各个项目任务均为指导性,由地方和学校根据自身实际自愿承担。引导高职院校主动适应形势变化,发挥改革创新的主体作用,实现发展动力由政府主导向院校自主的转变。

二是发展模式:从注重扩张向内涵建设转变。《行动计划》的目标之一就是提升发展质量。质量是其中各项任务和各个项目围绕的核心。这就是要向战线传达这样一个信息,高职院校应深刻把握发展模式的变化,在稳定规模的基础上,以人才培养为中心,以提高质量为核心,更多地把资源配置和工作重心转移到教育教学和技术技能人才培养上来,向内挖潜,整合资源,优化结构,夯实基础,练好内功,实现发展模式从规模扩张向内涵建设转变。

三是办学状态:从相对封闭向全面开放转变。《行动计划》要求高职教育继续坚持开放办学的理念,面向社会构建开放的办学体系,面向行业企业建立开放合作的机制,面向多元化生源实行开放性的教学,面向终身学习需求建立开放性的学分积累与转换机制,通过开放办学及时应对区域产业发展需求,增强服务地方经济发展能力,实现可持续发展。

四是评价体系:从硬件指标为主向内涵指标为主转变。《行动计划》进一步健全了高职教育评价主体、评价内容和评价方法,要求实行分类指导、分类评价,从关注硬指标的显性增长转向关注软实力的内在提升,引导高职院校办出特色、办出水平。高职院校要健全内部质量评价保证机制,实施对教学基本状态的常态监测,实现自我及时诊断,自主随时改进。

五是教师队伍:从注重高学历高职称向注重双师结构转变。《行动计划》提出了加强高职双师队伍建设的系列措施,支持高职院校聘用实践经验丰富的企业工程技术人员、高技能人才担任专兼职教师,推进校企共建"双师型"教师培养培训基地,鼓励高职教师到企业实践锻炼,提升双师素质,优化专兼职教师结构。

六是社会服务:从由教学培训为主向教学培训与应用研发并重转变。《行动计划》在推进现代学徒制、共建生产性实训基地、以市场导向多方共建应用技术协同中心等方面强调了发挥企业作为人才培养主体的作用,使合作企业成为学生教学和训练的主要场所、教师双师素质锻造和科研的平台、校企合作和生产服务的基地,成为教师在应用研发方面进行社会服务的重要窗口。

8.《行动计划》提出,支持"骨干专业建设",建设一批"优质专科高等职业院校"。是何考量?

答:"十二五"期间教育部财政部联合实施的国家示范(骨干)高职建设项目,集中投入、强力推动了一批高职院校率先改革发展,效果明显。当前,在两部出台了突出改革与绩效的高职生均经费政策基础上,引导各地集中力量支持建设一批骨干专业和优质学校,既是《国务院关于加快发展现代职业教育的决定》提出的明确要求,也是高职教育以示范引领发展的成功经验,还是推动高职院校保持改革动力坚持不断创新的有效办法。支持"骨干专业建设"、建设一批"优质专科高等职业院校"是推动高职教育创新发展,扩大优质教育资源的总量和覆盖面的重要举措。

各地要充分重视,做好鼓励创新、提升质量的建设方案研制工作,落实好支持经费,列入预算保障。

9.《行动计划》提及"职业教育接续培养制度"和"学力补充",这两个概念在以前文件中没有出现过。能否具体解释一下?

答:《行动计划》在"扩大优质教育资源"中提到了"职业教育接续培养制度"和"学力补充"两个新的概念。按照我们的设计,"职业教育接续培养制度"是指从职业教育体系内部,应届毕业生升入高一级学校继续学习的制度。这对标准体系制定、专业设置与目录管理、人才培养方案及教学内容设计等方面都提出了新的要求。接续培养制度的建立有利于最终构建起中等、专科和本科职业教育以及专业学位研究生的培养体系。专科高等职业院校要在"职业教育接续培养"方面起好承上启下的主导作用,向前延伸至初中起点的五年制高职办学,向后延伸至四年制本科层次的职业教育,要探索区别于学科型人才培养的本科层次职业教育实现形式和培养模式。

"学力补充"指学生在职业教育体系和普通教育体系之间跨体系流动时,学生本身的知识技能结构与新的学习起点要求之间存在差异,应该通过补充学习弥补由体系不同造成的知识(技能)差距,以达到新学习体系的起点要求。例如:从职教体系升学进入普通教育体系,须增加基础课学习,补充基础知识;从普通教育体系升学进入职教体系,须增加技能训练,弥补技能差距。

10.《行动计划》对质量保障机制建设是如何设计的?

答:质量保障机制建设是一项庞大的系统工程,总体要求是形成政府依法履职、院校自主保证、社会广泛参与,教育内部保证与教育外部评价协调配套的格局。《行动计划》对质量保障机制的设计主要包括6方面内容:

一是提高经费保障水平。落实教育部财政部文件要求,到2017年专科高职院校年生均财政拨款平均水平不低于12000元;生均拨款制度覆盖所有独立设置的公办高职院校;举办高职院校的有关部门和单位,应当参照院校所在地公办高职院校的生均拨款标准,建立完善所属高职院校生均拨款制度。

二是编制"高等职业学校建设标准"、研究修订《普通高等学校设置暂行条例》,规范院校设置条件、明确设置程序和要求,明确和落实举办高等职业教育的起点质量。

三是完善高职专业目录和专业教学标准。明确高职教育人才培养的分类;对专业的培养目标与规格、教学实施、教学管理、专业建设、教学资源等方面做出规定,为评估专业教学质量提供标尺。

四是推广部署高职院校人才培养工作状态数据管理系统。为客观评价院校(专业)人才培养工作水平提供数据支撑,为院校自我检查、量化管理提供支持,为地方教育行政主管部门实现对本地院校教学工作的有效监测、检查和横向比较、及时预警提供手段和依据。

五是完善质量年报制度。巩固学校、省和国家三级高职教育质量年度报告制度;专科高职院校和省级教育行政部门每年发布质量报告;支持第三方撰写发布国家高职教育质量年度报告;强化对报告发布情况和撰写质量的监督管理。稳步推进高职院校人才培养工作状态数据管理系统的建设与应用。

六是建立诊断改进机制。以高职院校人才培养工作状态数据为基础,开展教学诊改工作。教育部研制指导方案;省级教育行政部门制定工作规划,组织实施;职业院校落实人才培养工作质量保证主体责任,完善内部质量保证体系。支持有关行业组织开展专业层面的教学诊改试点,以行业企业用人标准为依据,通过结果评价、结论排名、建议反馈的形式,倒逼职业院校的专业改革与建设。

关于确定《高等职业教育创新发展行动计划 (2015—2018 年)》任务(项目)承接单位的通知

教职成司函〔2016〕30 号

各省、自治区、直辖市教育厅(教委),新疆生产建设兵团教育局,各行业职业教育教学指导委员会:

根据《关于报送〈高等职业教育创新发展行动计划(2015—2018年)〉实施方案的通知》要求,31 个省(区、市)、新疆生产建设兵团(统称各地)和 46 个行业职业教育教学指导委员会(简称行指委)上报了实施方案。经研究,原则同意各地(行指委)报送的实施方案。现将汇总形成的"高等职业教育创新发展行动计划(2015—2018 年)任务(项目)承接情况一览表"(见附件)印发给你们;各地(行指委)的具体实施方案在《高等职业教育创新发展行动计划(2015—2018 年)》管理平台(http://www.moe.edu.cn/s78/A07/zcs_ztzl/ztzl_zcs1518/)公布。

各地(行指委)也应在各自官网公布上述实施方案,并据此自主开展建设工作,如有调整须及时来函说明。《行动计划》执行期间,各地(行指委)须在每年 12 月 31 日前,按相关要求在《行动计划》管理平台上填报任务(项目)年度工作进度及相关绩效数据。管理平台还可应省级教育行政部门要求,提供省级项目管理功能。

我部将对各地(行指委)的《行动计划》实施情况进行绩效评价,适时发布年度绩效报告。《行动计划》任务(项目)的实施绩效将作为中央财政改革绩效奖补分配和国家职业教育改革发展试验区、国家教育体制改革试点布局及验收工作的重要参考。《行动计划》执行完毕后,我部将根据备案的实施方案和实际建设成效,对项目的建设结果进行检查认定。

附件:《高等职业教育创新发展行动计划(2015—2018年)》
   任务(项目)承接情况一览表

教育部职业教育与成人教育司
2016年2月24日

附件：

《高等职业教育创新发展行动计划(2015—2018年)》任务(项目)承接情况一览表

说明：

1.本一览表由三个表组成：表1为分省承接任务(项目)数量汇总表；表2为分任务(项目)承接省份一览表；表3为分行指委承接任务(项目)数量汇总表。

2.表2中的"承接省份(A/B)"意为某省承接的某项目建设数量为A个，预估经费为B万元。如：北京(100/5000)意为北京市承接建设某项目100个，预估经费为5000万元。

表1 分省承接任务(项目)数量汇总表

序号	省份	承接任务数	承接项目数/布点总数	预估经费（万元）
1	北京	33	12/351	125300
2	天津	54	16/429	84800
3	河北	47	13/320	52400
4	山西	47	13/300	72800
5	内蒙古	19	8/154	20000
6	辽宁	27	6/85	18500
7	吉林	54	14/135	7700
8	黑龙江	53	16/543	30000
9	上海	49	13/134	14350
10	江苏	42	12/648	60000

序号	省份	承接任务数	承接项目数/ 布点总数	预估经费 （万元）
11	浙江	45	13/633	80765
12	安徽	47	15/789	306000
13	福建	24	12/460	95400
14	江西	47	16/587	90000
15	山东	49	12/1720	127255
16	河南	47	15/469	73365
17	湖北	51	15/518	42000
18	湖南	47	15/397	79890
19	广东	53	14/810	141750
20	广西	21	13/333	182100
21	海南	53	13/97	12750
22	重庆	45	15/748	50050
23	四川	25	9/430	67200
24	贵州	53	14/202	32500
25	云南	44	13/143	30000
26	西藏	23	12/36	8800
27	陕西	55	16/471	70800
28	甘肃	11	4/43	200
29	青海	28	10/39	11650
30	宁夏	25	13/91	18540
31	新疆	54	16/136	29140
32	兵团	34	12/21	5160
合计		1306	410/12272	2041165

表 2　分任务(项目)承接省份一览表

序号	工作任务	省份数/项目布点总数	承接省份
	省级教育行政部门承接任务一览表		
	一、扩大优质教育资源		
RW-1	加强与信誉良好的国际组织、跨国企业以及职业教育发达国家开展交流与合作	21	北京、天津、河北、山西、吉林、黑龙江、上海、江苏、浙江、安徽、山东、河南、湖北、湖南、广东、广西、海南、重庆、贵州、陕西、新疆
RW-2	学习和引进国际先进成熟适用的职业标准、专业课程、教材体系和数字化教育资源	26	北京、天津、河北、山西、内蒙古、吉林、黑龙江、上海、江苏、浙江、安徽、福建、江西、山东、河南、湖北、湖南、广东、广西、海南、重庆、贵州、云南、陕西、青海、新疆
RW-3	选择类型相同、专业相近的国(境)外高水平院校联合开发课程,共建专业、实验室或实训基地,建立教师交流、学生交换、学分互认等合作关系	25	北京、天津、河北、山西、内蒙古、吉林、黑龙江、上海、江苏、浙江、安徽、江西、山东、河南、湖北、湖南、广东、海南、重庆、贵州、云南、陕西、青海、宁夏、新疆
RW-4	支持高等职业院校申办聘请外国专家(文教类)许可	22	北京、天津、河北、山西、吉林、黑龙江、江苏、浙江、安徽、福建、江西、山东、河南、湖北、湖南、广东、海南、重庆、贵州、陕西、新疆、兵团
RW-5	举办高水平中外合作办学项目和机构	23	北京、天津、河北、山西、辽宁、吉林、黑龙江、上海、江苏、浙江、安徽、福建、山东、河南、湖北、湖南、广东、海南、重庆、四川、贵州、陕西、新疆

续　表

序号	工作任务	省份数/项目布点总数	承接省份
RW-6	完善以老带新的青年教师培养机制；建立教师轮训制度；专业教师每五年企业实践时间累计不少于 6 个月	27	北京、天津、河北、山西、内蒙古、辽宁、吉林、黑龙江、上海、江苏、浙江、安徽、江西、山东、河南、湖北、湖南、广东、海南、重庆、贵州、云南、西藏、陕西、青海、新疆、兵团
RW-7	高等职业院校专业骨干教师国家级、省级培训计划	28	北京、天津、河北、山西、内蒙古、辽宁、吉林、黑龙江、上海、江苏、浙江、安徽、福建、江西、山东、河南、湖北、湖南、广东、海南、重庆、贵州、云南、西藏、陕西、宁夏、新疆、兵团
RW-8	加强职业技术师范院校建设	8	北京、天津、吉林、浙江、广东、海南、云南、陕西
RW-9	支持专科高等职业院校按照有关规定自主聘请兼职教师；加强兼职教师的职业教育教学规律与教学方法培训；支持兼职教师或合作企业牵头申报教学研究项目、组织实施教学改革；把指导学生顶岗实习的企业技术人员纳入兼职教师管理范围。核算教师总数时，兼职教师数按每学年授课160 学时为 1 名教师计算	25	天津、河北、山西、内蒙古、吉林、黑龙江、上海、江苏、浙江、安徽、福建、江西、山东、河南、湖北、湖南、广东、海南、重庆、贵州、云南、陕西、青海、新疆、兵团
RW-10	在有关民族地区加强双语双师型教师队伍建设	7	内蒙古、吉林、贵州、西藏、陕西、青海、新疆
RW-11	推动落实《职业院校数字校园建设规范》，建设高等职业教育人才培养工作状态数据管理系统	28	北京、天津、河北、山西、辽宁、吉林、黑龙江、上海、江苏、浙江、安徽、江西、山东、河南、湖北、湖南、广东、广西、海南、重庆、贵州、云南、西藏、陕西、青海、宁夏、新疆、兵团

序号	工作任务	省份数/项目布点总数	承接省份
RW-12	将信息技术应用能力作为教师评聘考核的重要依据	25	北京、天津、山西、吉林、黑龙江、上海、江苏、浙江、安徽、江西、山东、河南、湖北、湖南、广东、海南、重庆、贵州、云南、西藏、陕西、青海、宁夏、新疆、兵团
RW-13	办好全国职业院校信息化教学大赛	—	国家有关部门统一组织实施
RW-14	发布实施"关于引导部分地方普通本科高校向应用型转变的指导意见";探索本科层次职业教育实现形式和培养模式	23	北京、天津、河北、山西、吉林、黑龙江、上海、江苏、浙江、安徽、福建、江西、河南、湖北、湖南、广东、海南、四川、云南、陕西、甘肃、宁夏、新疆
RW-15	开展设立专科高等职业教育学位的可行性研究	—	国家有关部门统一组织实施
RW-16	编制"高等职业学校建设标准";研究修订《普通高等学校设置暂行条例》	—	国家有关部门统一组织实施
RW-17	修订一批专科高等职业教育专业教学标准和实验实训装备技术标准	—	国家有关部门、相关行业职业教育教学指导委员会组织实施
RW-18	修订"高等职业院校专业目录"和"高等职业院校专业设置管理办法";到2017年,专科职业教育在校生达到1420万人	21	天津、河北、山西、内蒙古、吉林、黑龙江、上海、江苏、浙江、安徽、河南、湖北、湖南、广东、海南、四川、贵州、陕西、宁夏、新疆、兵团
RW-19	落实《教育部关于深入推进职业教育集团化办学的意见》,研制"示范性职业教育集团建设方案与管理办法"	23	天津、吉林、黑龙江、上海、浙江、福建、江西、山东、河南、湖北、湖南、广东、广西、海南、重庆、四川、贵州、云南、陕西、甘肃、宁夏、新疆、兵团

序号	工作任务	省份数/项目布点总数	承接省份
RW-20	持续缩减本科高校举办专科高等职业教育的规模	20	天津、河北、山西、吉林、黑龙江、安徽、福建、江西、山东、河南、湖北、湖南、广东、海南、四川、贵州、云南、陕西、甘肃、新疆
	二、增强院校办学活力		
RW-21	规范落实《教育部关于积极推进高等职业教育考试招生制度改革的指导意见》；研究制订职业院校学生进入高层次学校学习的办法；2016年通过分类考试录取的学生占高等职业院校招生总数的一半左右，2017年成为主渠道；逐步提高专科高等职业院校招收中等职业学校毕业生的比例和本科高等学校招收职业院校毕业生的比例	26	北京、天津、河北、山西、内蒙古、辽宁、吉林、黑龙江、上海、江苏、浙江、安徽、福建、江西、山东、河南、湖北、湖南、广东、海南、重庆、贵州、云南、西藏、陕西、新疆
RW-22	研制"关于推进学习成果积累与转换工作的指导意见"	—	国家有关部门统一组织实施（委托国家开放大学试点）
RW-23	试点社会力量通过购买、承租、委托管理等方式参与办学活力不足的公办高等职业院校改革。鼓励民间资本与公办优质教育资源嫁接合作，在经济欠发达地区扩大优质高等职业教育资源。鼓励探索建立行业企业办和民办高等职业院校教师年金制度，探索在营利性民办高等职业院校实行职工持上市股	11	天津、河北、吉林、黑龙江、上海、山东、河南、重庆、贵州、陕西、新疆

序号	工作任务	省份数/项目布点总数	承接省份
RW-24	开展建设混合所有制高等职业院校的理论与实践课题研究	22	天津、河北、辽宁、吉林、黑龙江、江苏、浙江、安徽、江西、山东、湖北、湖南、广东、广西、海南、重庆、贵州、云南、陕西、宁夏、新疆、兵团
RW-25	成立混合所有制高等职业院校联盟	—	相关高等职业院校组织实施
RW-26	以购买服务方式支持行业职业教育教学指导委员会在规定的领域范围内自主开展工作	—	国家有关部门统一组织实施
RW-27	每年举办一次全国职业院校技能大赛,推进全国职业院校技能大赛国际化	—	国家有关部门统一组织实施
RW-28	落实《教育部人力资源社会保障部关于推进职业院校服务经济转型升级面向行业企业开展职工继续教育的意见》	26	天津、河北、山西、辽宁、吉林、黑龙江、上海、江苏、浙江、安徽、福建、江西、山东、河南、湖北、湖南、广东、海南、重庆、贵州、云南、陕西、青海、宁夏、新疆、兵团
RW-29	地方各级政府在安排职业教育专项经费、制定支持政策、购买社会服务时,将企业举办的公办性质高等职业院校与其他公办院校同等对待	15	北京、天津、河北、山西、吉林、黑龙江、江西、山东、河南、湖北、广东、海南、贵州、陕西、新疆
RW-30	研制"职业教育校企合作促进办法"	—	国家有关部门统一组织实施

序号	工作任务	省份数/项目布点总数	承接省份
RW-31	贯彻落实国家教育体制改革领导小组办公室《关于进一步落实和扩大高校办学自主权完善高校内部治理结构的意见》，落实和扩大专科高等职业院校办学自主权，支持学校自主确定教学科研行政等内部组织机构的设置和人员配备，支持高校面向社会依法依规自主公开招聘教学科研行政管理等各类人员、自主选聘教职工、自主确定内部收入分配	22	北京、天津、山西、辽宁、吉林、黑龙江、上海、江苏、浙江、安徽、江西、河南、湖北、广东、海南、重庆、四川、贵州、云南、陕西、青海、新疆
RW-32	落实教育、财税、土地、金融等支持政策，鼓励各类办学主体通过独资、合资、合作等形式举办民办高等职业教育，稳步扩大优质民办职业教育资源	18	天津、河北、山西、吉林、黑龙江、上海、浙江、江西、山东、河南、湖北、广东、海南、四川、贵州、陕西、甘肃、新疆
RW-33	以政府规划、社会贡献和办学质量为依据，探索政府通过"以奖代补"、购买服务等方式支持民办高等职业教育发展和鼓励社会力量参与高等职业教育办学的办法	17	天津、河北、山西、吉林、黑龙江、上海、浙江、福建、江西、山东、河南、广东、海南、贵州、陕西、甘肃、新疆
RW-34	社会声誉好、教学质量高、就业有保障的民办专科高等职业院校，可由省级政府统筹、在核定的办学规模内自主确定招生方案	13	天津、吉林、黑龙江、上海、江西、山东、湖北、广东、海南、四川、贵州、陕西、新疆
RW-35	专科高等职业院校积极开展社区教育、老年教育活动；建立专科高等职业院校和社区教育机构联席会议制度	26	北京、天津、河北、山西、内蒙古、吉林、黑龙江、上海、江苏、浙江、安徽、江西、山东、湖北、湖南、广东、海南、重庆、贵州、云南、西藏、陕西、青海、宁夏、新疆、兵团

序号	工作任务	省份数/项目布点总数	承接省份
三、加强技术技能积累			
RW-36	优化院校布局、调整专业结构	27	北京、天津、河北、山西、吉林、黑龙江、上海、江苏、浙江、安徽、江西、山东、湖北、湖南、广东、广西、海南、重庆、四川、贵州、云南、西藏、陕西、甘肃、宁夏、新疆、兵团
RW-37	建立产业结构调整驱动专业设置与改革、产业技术进步驱动课程改革的机制	23	天津、河北、山西、辽宁、吉林、黑龙江、上海、江苏、浙江、安徽、江西、山东、湖北、湖南、广东、海南、重庆、贵州、云南、陕西、青海、新疆、兵团
RW-38	重点服务中国制造2025,主动适应数字化网络化智能化制造需要、围绕强化工业基础、提升产品质量、发展制造业相关的生产性服务业调整专业、培养人才	27	天津、河北、山西、内蒙古、辽宁、吉林、黑龙江、上海、江苏、浙江、安徽、福建、江西、山东、河南、湖北、湖南、广东、广西、海南、重庆、贵州、云南、陕西、宁夏、新疆、兵团
RW-39	优先保证新一代信息技术产业、高档数控机床和机器人、航空航天装备、海洋工程装备及高技术船舶、先进轨道交通装备、节能与新能源汽车、电力装备、农机装备、新材料、生物医药及高性能医疗器械产业相关专业的布局与发展	26	天津、河北、山西、内蒙古、辽宁、吉林、黑龙江、上海、江苏、浙江、安徽、江西、山东、河南、湖北、湖南、广东、广西、海南、重庆、贵州、云南、陕西、宁夏、新疆、兵团
RW-40	加强现代服务业亟需人才培养,加快满足社会建设和社会管理人才需求	28	天津、河北、山西、内蒙古、辽宁、吉林、黑龙江、上海、江苏、浙江、安徽、江西、山东、河南、湖北、湖南、广东、广西、海南、重庆、贵州、云南、西藏、陕西、青海、宁夏、新疆、兵团

序号	工作任务	省份数/项目布点总数	承接省份
RW-41	扩大与"一带一路"沿线国家的职业教育合作；服务"走出去"企业需求，培养具有国际视野、通晓国际规则的技术技能人才和中国企业海外生产经营需要的本土人才；配合"走出去"企业面向当地员工开展技术技能培训和学历职业教育；支持专科高等职业院校国（境）外办学，为周边国家培养熟悉中华传统文化、当地经济发展亟需的技术技能人才	26	天津、河北、山西、辽宁、吉林、黑龙江、上海、江苏、浙江、安徽、江西、山东、河南、湖北、湖南、广东、广西、海南、重庆、四川、贵州、云南、陕西、宁夏、新疆、兵团
RW-42	促进专业教育与创新创业教育有机融合；利用各种资源建设大学科技园、大学生创业园、创业孵化基地和小微企业创业基地，作为创业教育实践平台	29	北京、天津、河北、山西、内蒙古、辽宁、吉林、黑龙江、上海、江苏、浙江、安徽、福建、江西、山东、河南、湖北、湖南、广东、广西、海南、重庆、四川、贵州、云南、陕西、青海、新疆、兵团
RW-43	探索将学生完成的创新实验、论文发表、专利获取、自主创业等成果折算为学分，将学生参与课题研究、项目实验等活动认定为课堂学习；优先支持参与创新创业的学生转入相关专业学习；实施弹性学制，放宽学生修业年限，允许调整学业进程、保留学籍休学创新创业	28	北京、天津、河北、山西、内蒙古、辽宁、吉林、黑龙江、上海、江苏、浙江、安徽、江西、山东、河南、湖北、湖南、广东、广西、海南、重庆、四川、贵州、云南、陕西、青海、新疆、兵团
RW-44	地区、有关部门整合发改财政和社会资金，支持高校学生创新创业活动。高等职业院校优化经费支出结构，多渠道统筹安排资金，支持创新创业教育教学，资助学生创新创业项目	25	北京、天津、河北、山西、吉林、黑龙江、上海、江苏、浙江、安徽、江西、山东、河南、湖北、湖南、广东、海南、重庆、贵州、云南、西藏、陕西、青海、新疆、兵团

序号	工作任务	省份数/项目布点总数	承接省份
RW-45	举办全国大学生创新创业大赛	—	国家有关部门统一组织实施
RW-46	加强文化创意、影视制作、出版发行等重点文化产业技术技能人才的培养;提升民族地区的高等职业院校支持当地特色优势产业、基本公共服务、社会管理的能力	23	天津、河北、吉林、黑龙江、上海、江苏、浙江、安徽、江西、山东、湖北、湖南、广东、广西、海南、重庆、贵州、云南、西藏、陕西、青海、宁夏、新疆
RW-47	加强与职业教育发达国家的政策对话,探索对发展中国家开展职业教育援助的渠道和政策	18	天津、河北、山西、吉林、黑龙江、上海、江苏、安徽、山东、河南、湖北、湖南、广东、海南、重庆、贵州、陕西、新疆
RW-48	鼓励示范性和沿边地区高等职业院校利用学校品牌和专业优势,积极吸引境外学生来华学习	22	北京、天津、河北、吉林、黑龙江、上海、江苏、浙江、安徽、山东、河南、湖北、湖南、广东、广西、海南、重庆、四川、贵州、云南、陕西、新疆
四、完善质量保障机制			
RW-49	落实高等职业院校生均拨款政策,引导激励地市级政府(单位)建立高职生均经费制度。到2017年本省专科高等职业院校生均拨款平均水平不低于12000元	30	北京、天津、河北、山西、内蒙古、辽宁、吉林、黑龙江、上海、江苏、浙江、安徽、福建、江西、山东、河南、湖北、湖南、广东、广西、海南、重庆、四川、贵州、云南、西藏、陕西、宁夏、新疆、兵团
RW-50	完成高等职业院校章程制定、修订工作	29	北京、天津、河北、山西、内蒙古、辽宁、吉林、黑龙江、上海、浙江、安徽、福建、江西、山东、河南、湖北、湖南、广东、广西、海南、重庆、四川、贵州、云南、西藏、陕西、青海、新疆、兵团

序号	工作任务	省份数/项目布点总数	承接省份
RW-51	推动高等职业院校参照《高等学校学术委员会规程》设立学术委员会；一批（不少于20％）专科高等职业院校参照《普通高等学校理事会规程（试行）》设立理事会或董事会机构	26	天津、河北、山西、辽宁、吉林、黑龙江、上海、江苏、浙江、安徽、福建、江西、山东、河南、湖北、湖南、广东、广西、海南、重庆、四川、贵州、云南、陕西、青海、新疆
RW-52	巩固学校、省和国家三级高等职业教育质量年度报告制度，进一步提高年度质量报告的量化程度、可比性和可读性；强化对报告发布情况和撰写质量的监督管理	31	北京、天津、河北、山西、内蒙古、辽宁、吉林、黑龙江、上海、江苏、浙江、安徽、福建、江西、山东、河南、湖北、湖南、广东、广西、海南、重庆、四川、贵州、云南、陕西、甘肃、青海、宁夏、新疆、兵团
RW-53	加强分类指导，以人才培养工作状态数据为基础，开展高职院校教学诊断和改进工作	30	北京、天津、河北、山西、内蒙古、辽宁、吉林、黑龙江、上海、江苏、浙江、安徽、福建、江西、山东、河南、湖北、湖南、广东、广西、海南、重庆、四川、贵州、云南、西藏、陕西、甘肃、新疆、兵团
RW-54	一批省份发布实施职业院校教师专业技术职务评聘办法	20	天津、山西、黑龙江、上海、安徽、福建、江西、山东、河南、湖北、湖南、广东、海南、重庆、四川、贵州、云南、西藏、陕西、新疆
RW-55	一批国家示范（骨干）高等职业院校制定执行反映自身发展水平、不低于国家规定标准的"双师型"教师标准	28	北京、天津、河北、山西、辽宁、吉林、黑龙江、上海、江苏、浙江、安徽、福建、江西、山东、河南、湖北、湖南、广东、海南、重庆、贵州、云南、西藏、陕西、青海、宁夏、新疆、兵团

序号	工作任务	省份数/项目布点总数	承接省份
RW-56	推动教师分类管理、分类评价的人事管理制度改革；全面推行按岗聘用、竞聘上岗	20	天津、河北、山西、吉林、黑龙江、上海、浙江、安徽、江西、山东、河南、湖北、湖南、广东、海南、重庆、贵州、云南、陕西、新疆
RW-57	制订体现高等职业教育特点的教师绩效评价标准；55岁以下的教授、副教授每学期至少讲授一门课程	21	北京、天津、山西、吉林、黑龙江、上海、安徽、江西、山东、河南、湖北、湖南、广东、海南、重庆、贵州、云南、陕西、宁夏、新疆、兵团
RW-58	加强高等职业教育研究机构和队伍建设，加大投入支持相关研究工作；有条件的高等职业院校建立专门教育研究机构，开展教学研究	25	天津、河北、山西、吉林、黑龙江、上海、江苏、浙江、安徽、江西、山东、河南、湖北、湖南、广东、广西、海南、重庆、贵州、云南、陕西、青海、宁夏、新疆、兵团
五、提升思想政治教育质量			
RW-59	贯彻落实《高等学校辅导员职业能力标准（暂行）》	29	北京、天津、河北、山西、辽宁、吉林、黑龙江、上海、江苏、安徽、福建、江西、山东、河南、湖北、湖南、广东、海南、重庆、四川、贵州、云南、西藏、陕西、甘肃、青海、宁夏、新疆、兵团
RW-60	健全学生思想政治教育长效机制；高职院校按师生比1∶200配备辅导员；心理健康教育全覆盖	28	北京、天津、河北、山西、吉林、黑龙江、上海、江苏、浙江、安徽、福建、江西、山东、河南、湖北、湖南、广东、海南、重庆、四川、贵州、云南、西藏、陕西、甘肃、青海、新疆、兵团
RW-61	全面推进《全国大学生思想政治教育质量测评体系（试行）》	28	北京、天津、河北、山西、内蒙古、辽宁、吉林、黑龙江、上海、江苏、安徽、福建、江西、山东、河南、湖北、湖南、广东、海南、四川、贵州、云南、西藏、陕西、甘肃、青海、新疆、兵团

序号	工作任务	省份数/项目布点总数	承接省份
RW-62	创建平安校园、和谐校园	30	北京、天津、河北、山西、辽宁、吉林、黑龙江、上海、江苏、浙江、安徽、福建、江西、山东、河南、湖北、湖南、广东、广西、海南、重庆、四川、贵州、云南、西藏、陕西、青海、宁夏、新疆、兵团
RW-63	落实《高等学校体育工作基本标准》	28	北京、天津、河北、山西、辽宁、吉林、黑龙江、上海、江苏、浙江、安徽、江西、山东、河南、湖北、湖南、广东、海南、重庆、四川、贵州、云南、西藏、陕西、青海、宁夏、新疆、兵团
RW-64	加强文化素质教育;加强校园文化建设;支持学生社团活动	27	北京、天津、河北、山西、辽宁、吉林、黑龙江、上海、江苏、浙江、安徽、江西、山东、河南、湖北、湖南、广东、海南、重庆、四川、贵州、云南、西藏、陕西、青海、新疆、兵团
RW-65	促进职业技能培养与职业精神养成相融合	26	北京、天津、河北、山西、辽宁、吉林、黑龙江、上海、江苏、浙江、安徽、江西、河南、湖北、湖南、广东、海南、重庆、贵州、云南、西藏、陕西、青海、宁夏、新疆、兵团

序号	工作任务	省份数/项目布点总数	承接省份
省级教育行政部门承接项目一览表			
一、扩大优质教育资源			
XM-1	骨干专业建设（3000 个左右）	31/3770	北京（100/5000）、天津（120/30000）、河北（120/24000）、山西（100/15000）、内蒙古（60/6000）、辽宁（50/5000）、吉林（50/0）、黑龙江（100/5000）、上海（20/2000）、江苏（300/50000）、浙江（150/60000）、安徽（300/90000）、福建（200/10000）、江西（100/20000）、山东（300/60000）、河南（200/10000）、湖北（200/10000）、湖南（150/15000）、广东（300/45000）、广西（200/100000）、海南（30/3600）、重庆（150/15000）、四川（100/27200）、贵州（80/8000）、云南（35/7000）、西藏（15/3000）、陕西（150/30000）、青海（12/2400）、宁夏（40/5000）、新疆（36/14400）、兵团（2/527）

序号	工作任务	省份数/项目布点总数	承接省份
XM-2	校企共建的生产性实训基地建设（1200个左右）	30/1653	北京（100/50000）、天津（60/18000）、河北（50/10000）、山西（90/18000）、吉林（30/0）、黑龙江（80/3200）、上海（15/1500）、江苏（100/10000）、浙江（100/1000）、安徽（120/36000）、福建（50/5000）、江西（40/8000）、山东（60/12000）、河南（100/10000）、湖北（100/5000）、湖南（30/3000）、广东（150/22500）、广西（30/24000）、海南（15/1500）、重庆（50/10000）、四川（100/14000）、贵州（30/16500）、云南（24/4800）、西藏（1/500）、陕西（80/16000）、甘肃（15/0）、青海（8/1600）、宁夏（3/3000）、新疆（18/3600）、兵团（4/900）
XM-3	优质专科高等职业院校建设（200所左右）	31/313	北京（10/50000）、天津（12/24000）、河北（8/8000）、山西（5/25000）、内蒙古（8/8000）、辽宁（10/10000）、吉林（5/5000）、黑龙江（10/15000）、上海（10/5000）、江苏（20/0）、浙江（15/15000）、安徽（20/120000）、福建（10/50000）、江西（6/18000）、山东（20/40000）、河南（10/15000）、湖北（15/15000）、湖南（20/54000）、广东（20/60000）、广西（15/30000）、海南（2/6000）、重庆（15/15000）、四川（15/15000）、贵州（5/2500）、云南（6/6000）、西藏（1/1000）、陕西（10/15000）、青海（2/3000）、宁夏（3/2000）、新疆（3/3000）、兵团（2/1000）

序号	工作任务		省份数/项目布点总数	承接省份
XM-4	"双师型"教师培养培训基地建设（500个左右）		27/345	北京（10/1000）、天津（15/1500）、河北（20/2000）、山西（15/3000）、内蒙古（10/1000）、吉林（3/0）、黑龙江（10/800）、上海（10/500）、江苏（20/0）、浙江（20/1000）、安徽（20/3000）、福建（20/2000）、江西（15/1200）、河南（20/2500）、湖北（20/1000）、湖南（30/900）、广东（10/0）、海南（5/150）、重庆（20/2000）、贵州（10/1000）、云南（10/2000）、西藏（2/400）、陕西（20/1000）、青海（2/800）、宁夏（3/500）、新疆（4/1200）、兵团（1/300）
XM-5	新建一批国家级职业教育专业教学资源库和国家精品在线开放课程		—	国家有关部门统一组织实施
XM-6	立项建设省级高等职业教育专业教学资源库(200个左右)和精品在线开放课程(1000门左右)	专业教学资源库	23/297	北京（20/10000）、天津（5/5000）、河北（8/2400）、山西（7/1000）、内蒙古（60/600）、辽宁（5/1000）、黑龙江（10/700）、上海（1/100）、江苏（20/0）、安徽（10/5000）、福建（10/1000）、江西（30/1500）、山东（20/1000）、河南（10/2500）、湖北（10/2000）、湖南（10/1000）、广东（20/4000）、广西（5/1000）、海南（2/100）、重庆（20/2000）、陕西（10/1000）、新疆（3/900）、兵团（1/100）

序号	工作任务	省份数/项目布点总数	承接省份
	精品在线开放课程	25/3332	北京（50/500）、天津（50/1000）、河北（40/400）、山西（30/4000）、吉林（10/0）、黑龙江（100/300）、上海（20/100）、江苏（100/0）、浙江（200/400）、安徽（190/9500）、福建（50/500）、江西（300/3000）、山东（1200/12000）、河南（50/500）、湖北（50/3000）、湖南（50/500）、广东（200/3000）、广西（30/1500）、海南（20/200）、重庆（400/2000）、四川（100/3000）、贵州（20/200）、陕西（50/2500）、新疆（20/200）、兵团（2/30）
XM-7	建成一批职业能力培养虚拟仿真实训中心（50个左右）	27/192	北京（10/2000）、天津（5/1000）、河北（2/400）、山西（3/4500）、吉林（6/1200）、黑龙江（15/1000）、上海（5/1000）、江苏（10/0）、浙江（30/1500）、安徽（5/1500）、福建（5/500）、江西（5/1000）、山东（20/400）、河南（5/1250）、湖北（10/1000）、湖南（5/500）、广东（5/1000）、广西（2/2000）、海南（1/100）、重庆（10/500）、四川（20/4000）、贵州（2/200）、云南（3/900）、陕西（4/400）、宁夏（2/2000）、新疆（1/300）、兵团（1/300）

序号	工作任务	省份数/项目布点总数	承接省份
XM-8	建设一批骨干职业教育集团(180个左右);遴选10个省份开展多元投入主体依法共建职业教育集团的改革试点	29/216	北京（15/3000）、天津（10/2000）、山西（3/300）、辽宁（5/1000）、吉林（6/0）、黑龙江（10/600）、上海（2/200）、江苏（8/0）、浙江（10/500）、安徽（10/1000）、福建（10/10000）、江西（10/10000）、山东（12/120）、河南（10/2500）、湖北（10/100）、湖南（10/1200）、广东（10/500）、广西（7/2100）、重庆（10/500）、四川（10/1000）、贵州（5/250）、云南（6/1200）、西藏（1/500）、陕西（6/0）、甘肃（3/0）、青海（1/500）、宁夏（11/500）、新疆（4/400）、兵团（1/200）
XM-9	建设一批连锁型职教集团（20个左右）	10/22	北京（5/1000）、天津（2/200）、吉林（2/0）、黑龙江（2/200）、江西（2/1000）、河南（2/500）、重庆（2/100）、陕西（2/0）、宁夏（2/400）、新疆（1/300）
XM-10	支持东中部地区高职院校（职教集团）对口支援西部职业院校;支援革命老区、西藏及四省藏区、新疆和集中连片特殊困难地区的专科高等职业院校提升办学基础能力和人才培养水平（400校次左右）	14/173	天津（40/400）、河北（10/500）、黑龙江（20/200）、上海（3/300）、江苏（20/0）、安徽（15/300）、江西（4/1500）、河南（20/10）、湖北（1/200）、湖南（6/90）、广东（5/0）、西藏（1/1000）、陕西（20/0）、新疆（8/240）

序号	工作任务	省份数/项目布点总数	承接省份
二、增强院校办学活力			
XM-11	支持公办高等职业院校和企业合作举办适用公办学校政策、具有混合所有制特征的二级学院（100个左右）	22/97	天津（5/0）、河北（5/500）、山西（3/0）、吉林（2/0）、黑龙江（5/200）、安徽（5/100）、福建（5/2500）、江西（4/2000）、山东（10/100）、河南（5/25）、湖北（5/0）、湖南（5/0）、广东（3/0）、广西（5/1000）、海南（1/100）、重庆（10/0）、贵州（5/250）、云南（3/1200）、陕西（5/0）、宁夏（3/1500）、新疆（2/200）、兵团（1/300）
XM-12	与行业联合召开行业职业教育工作会议（5个以上），联合制定行业职业教育改革发展指导意见	—	国家有关部门、相关行业组织实施
XM-13	发布行业人才需求预测和专业设置指导报告（40个左右）	—	相关行业职业教育教学指导委员会组织实施
XM-14	研制"关于进一步推进社区教育改革发展的意见"；公布一批全国社区教育实验区和示范区	—	国家有关部门统一组织实施

序号	工作任务	省份数/项目布点总数	承接省份
三、加强技术技能积累			
XM-15	开展现代学徒制试点（500个左右），校企共建以现代学徒制培养为主的特色学院	31/522	北京（10/2000）、天津（20/0）、河北（20/2500）、山西（15/0）、内蒙古（2/600）、吉林（10/1500）、黑龙江（30/800）、上海（3/300）、江苏（20/0）、浙江（20/200）、安徽（30/4500）、福建（50/2000）、江西（15/3000）、山东（45/1125）、河南（15/3750）、湖北（30/1500）、湖南（30/1800）、广东（20/400）、广西（10/3000）、海南（5/300）、重庆（15/150）、四川（25/1000）、贵州（15/1500）、云南（10/2000）、西藏（1/300）、陕西（25/1250）、甘肃（10/0）、青海（4/1000）、宁夏（5/2000）、新疆（10/300）、兵团（2/60）
XM-16	以市场为导向多方共建应用技术协同创新中心（500个左右）	28/449	天津（60/600）、河北（20/1000）、山西（15/2000）、内蒙古（2/200）、辽宁（5/1000）、黑龙江（20/1200）、上海（15/1500）、江苏（10/0）、浙江（10/1000）、安徽（30/30000）、福建（20/2000）、江西（5/2500）、山东（15/300）、河南（10/1000）、湖北（30/1500）、湖南（30/1500）、广东（50/5000）、广西（15/15000）、海南（3/300）、重庆（20/2000）、贵州（10/1000）、云南（10/4000）、西藏（1/200）、陕西（25/2500）、青海（4/1200）、宁夏（10/1000）、新疆（3/3000）、兵团（1/390）

序号	工作任务	省份数/项目布点总数	承接省份
XM-17	与技艺大师、非物质文化遗产传承人等合作建立技能大师工作室(100个左右)	28/244	天津(10/0)、河北(4/200)、山西(10/0)、辽宁(10/500)、吉林(2/0)、黑龙江(20/200)、上海(15/1500)、江苏(10/0)、浙江(10/50)、安徽(29/4350)、江西(20/3000)、山东(10/100)、河南(5/100)、湖北(5/200)、湖南(10/100)、广东(10/100)、广西(5/1000)、海南(1/50)、重庆(10/100)、四川(10/1000)、贵州(5/150)、云南(5/100)、西藏(2/200)、陕西(6/300)、青海(2/400)、宁夏(5/200)、新疆(12/600)、兵团(1/50)
XM-18	开发建设一批创新创业教育专门课程(群)	29/473	北京(10/100)、天津(5/100)、河北(10/300)、内蒙古(10/100)、吉林(5/0)、黑龙江(100/200)、上海(10/100)、江苏(10/0)、浙江(60/60)、安徽(2/100)、福建(20/400)、江西(10/90)、山东(3/60)、河南(5/125)、湖北(20/400)、湖南(5/150)、广东(5/50)、广西(5/300)、海南(10/200)、重庆(10/100)、四川(50/1000)、贵州(5/50)、云南(20/100)、西藏(8/800)、陕西(50/500)、甘肃(15/150)、青海(3/150)、新疆(5/50)、兵团(2/100)

序号	工作任务	省份数/项目布点总数	承接省份
XM-19	新组建一批农业职教集团；省部共建一批国家涉农职业教育改革试验区	21/36	北京(1/200)、天津(5/1000)、山西(1/0)、吉林(2/0)、黑龙江(6/200)、浙江(3/30)、安徽(1/50)、江西(1/1000)、河南(2/400)、湖北(2/100)、湖南(1/0)、广西(1/300)、海南(1/100)、重庆(1/100)、贵州(2/100)、云南(1/200)、西藏(1/500)、陕西(1/0)、青海(1/600)、宁夏(1/200)、新疆(1/300)
XM-20	建设一批全国职业院校民族文化传承与创新示范专业点(100个左右)	25/138	北京(10/500)、天津(5/0)、河北(3/200)、山西(3/0)、内蒙古(2/200)、吉林(2/0)、黑龙江(5/200)、上海(5/250)、浙江(5/25)、安徽(2/600)、福建(10/500)、江西(20/2000)、山东(5/50)、湖北(10/1000)、湖南(5/150)、广东(2/200)、广西(3/900)、海南(1/50)、重庆(5/500)、贵州(8/800)、云南(10/500)、西藏(2/400)、陕西(7/350)、宁夏(3/240)、新疆(5/150)
四、完善质量保障机制			
XM-21	支持对用人单位影响力大的行业组织开展专业层面的教学诊改试点	—	国家有关部门、相关行业组织实施
五、提升思想政治教育质量			
XM-22	深入开展中国特色社会主义和中国梦教育，在广大师生中积极培育和践行社会主义核心价值观，遴选一批特色校园文化品牌(100个左右)	—	国家有关部门统一组织实施

表3　分行指委承接任务(项目)数量汇总表

序号	单　位	承接任务数	承接项目数/布点总数	预估支持经费(万元)
1	安全职业教育教学指导委员会	2	7/17	30625.87
2	报关职业教育教学指导委员会	3	4/5	110.00
3	包装职业教育教学指导委员会	13	8/42	675.00
4	财政职业教育教学指导委员会	未申报	未申报	未申报
5	餐饮职业教育教学指导委员会	18	10/54	960.00
6	测绘地理信息职业教育教学指导委员会	2	4/4	1070.00
7	船舶工业职业教育教学指导委员会	11	9/62	4535.00
8	电力职业教育教学指导委员会	未申报	未申报	未申报
9	电子商务职业教育教学指导委员会	3	6/140	176.30
10	纺织服装职业教育教学指导委员会	1	5/8	3322.00
11	工业和信息化职业教育教学指导委员会	5	9/49	15460.00
12	公安职业教育教学指导委员会	5	5/35	9800.00
13	供销合作职业教育教学指导委员会	13	9/24	4495.00
14	广播影视职业教育教学指导委员会	8	8/27	2960.00
15	国土资源职业教育教学指导委员会	未申报	未申报	未申报
16	航空工业职业教育教学指导委员会	11	9/18	85.00
17	环境保护职业教育教学指导委员会	1	7/20	2903.00
18	机械职业教育教学指导委员会	14	11/243	715.00
19	建材职业教育教学指导委员会	7	8/12	500.00
20	交通运输职业教育教学指导委员会	17	11/137	18370.00
21	金融职业教育教学指导委员会	未申报	未申报	未申报
22	粮食职业教育教学指导委员会	19	12/27	692.00
23	林业职业教育教学指导委员会	未申报	未申报	未申报
24	旅游职业教育教学指导委员会	3	7/33	530.00

序号	单　　位	承接任务数	承接项目数/布点总数	预估支持经费（万元）
25	煤炭职业教育教学指导委员会	16	11/44	312.00
26	美发美容职业教育教学指导委员会	6	3/5	160.00
27	民航职业教育教学指导委员会	1	1/1	8.00
28	民政职业教育教学指导委员会	6	9/30	3465.50
29	民族技艺职业教育教学指导委员会	未申报	未申报	未申报
30	农业职业教育教学指导委员会	2	0/0	330.00
31	气象职业教育教学指导委员会	1	0/0	0.00
32	轻工职业教育教学指导委员会	7	9/33	5446.00
33	人口和计划生育职业教育教学指导委员会	未申报	未申报	未申报
34	人力资源和社会保障职业教育教学指导委员会	未申报	未申报	未申报
35	商业职业教育教学指导委员会	8	7/10	550.00
36	生物技术职业教育教学指导委员会	未申报	未申报	未申报
37	石油和化工职业教育教学指导委员会	15	11/154	25670.00
38	食品工业职业教育教学指导委员会	13	8/46	4000.00
39	食品药品职业教育教学指导委员会	8	8/58	12228.88
40	水利职业教育教学指导委员会	未申报	未申报	未申报
41	司法职业教育教学指导委员会	未申报	未申报	未申报
42	体育职业教育教学指导委员会	未申报	未申报	未申报
43	铁道职业教育教学指导委员会	3	0/0	17.00
44	统计职业教育教学指导委员会	未申报	未申报	未申报
45	外经贸职业教育教学指导委员会	0	11/15	3802.00
46	卫生职业教育教学指导委员会	6	6/12	8000.00
47	文化艺术职业教育教学指导委员会	2	3/55	30.00

序号	单　　　位	承接 任务数	承接项目数 /布点总数	预估支持 经费(万元)
48	文物保护职业教育教学指导委员会	2	2/2	45.00
49	物流职业教育教学指导委员会	3	5/16	293.50
50	新闻出版职业教育教学指导委员会	0	1/1	100.00
51	验光与配镜职业教育教学指导委员会	2	2/2	619.00
52	冶金职业教育教学指导委员会	17	8/25	340.00
53	邮政职业教育教学指导委员会	6	0/0	0.00
54	有色金属职业教育教学指导委员会	17	9/32	10.00
55	中医药职业教育教学指导委员会	7	9/58	0.00
56	住房和城乡建设职业教育教学指导委员会	9	9/135	58400.00
57	职业院校外语类专业教学指导委员会	2	6/22	655.00
58	职业院校文秘类专业教学指导委员会	未申报	未申报	未申报
59	职业院校教育类专业教学指导委员会	未申报	未申报	未申报
60	职业院校艺术设计类专业教学指导委员会	8	9/61	8692.00
61	职业院校文化素质教育指导委员会	未申报	未申报	未申报
62	职业院校信息化教学指导委员会	1	0/0	0.00
	合计	324	296/1774	231158.05

准确把握和落实高等职业教育创新发展行动计划

林 宇

2015 年 10 月,教育部印发《高等职业教育创新发展行动计划(2015—2018 年)》,这是高职战线深入总结"十二五"发展经验,面向"十三五"布局改革任务,引导和推动高职院校制定和执行好"十三五"规划的重要行动指南,也是迄今为止,教育部第一个专门针对高职教育全面系统规划改革发展的指导文件。

《行动计划》定位为 2014 年《国务院关于加快发展现代职业教育的决定》(简称《决定》)的配套文件和对全国人大常委会职业教育法执法检查的积极回应,重在落实《决定》和教育部等六部门联合印发的《现代职业教育体系建设规划(2014—2020 年)》(简称《体系规划》),不搞新的政策突破,而是在任务设计中贯彻创新发展的要求。《行动计划》以 2010 年以来教育部已经出台和即将出台的涉及高等职业教育内容的重要文件为基础,经过融合发掘完善,努力建构一个完整的、以专科高职为主体的高等职业教育下阶段的发展设计。

一、结构设计与调整

《行动计划》的结构设计,反映了今后一个时期教育部发展高职教育的工作思路。其本身也经历了一个从重视实操到精炼提升再部署的演变过程。

(一)初稿设计

为方便院校落实和各地组织实施,《行动计划》初稿从院校工作的

视角规划设计了 12 个子计划,分为 3 类:一是全局性综合性任务 4 个,
"现代职业教育质量提升助推计划""现代职业教育体系建设推进计划"
"支撑产业发展能力提升计划""产教融合发展创新计划";二是推进教
育教学重点环节改革任务 3 个,"'双师型'教师队伍能力提升计划""现
代信息技术应用能力提高计划""德育工作质量提升计划";三是涉及办
学层面任务 5 个,"社会力量兴办高等职业教育支持计划""高等职业院
校治理能力提升计划""高等职业教育质量评价制度建设计划""高等职
业教育国际交流合作促进计划""社区教育和终身学习服务助推计划"。
缺点是:各子计划为追求完整都强调了工学结合、校企合作、加强技术
技能积累的基本思路,重复较多。

(二)结构调整与完善

在充分听取各方意见基础上,教育部决定把"提高高职教育发展
质量"作为贯穿始终的主线,按照下一阶段的工作思路,将《行动计划》
主要内容重新梳理为 5 个部分 32 条。同时,出于提高可执行性的考
虑,按照可量化程度的不同将《行动计划》内容进一步细化为 65 项任务
和 22 个项目。

因此,《行动计划》最核心的 5 个内容实际指明了教育部推进高职
教育下一步改革发展的 5 个方向和各自目标——扩大优质教育资源,
要以专业建设为核心,提高优质资源的覆盖面,提高省域内高职教育
发展的协调性。增强院校办学活力,要尊重和激发基层的首创精神,提
高院校对市场的适应能力和自主发展能力。加强技术技能积累,要紧
密结合培养杰出人才和加强教师队伍建设,提高高职院校技术服务的
附加值。完善质量保障机制,要形成教育内部保证和教育外部评价协
调配套的共同保障质量的局面。提升思想政治教育质量,要落实李克
强总理关于"把提高职业技能和培养职业精神高度融合"的要求,培养
合格的社会主义事业接班人。

"发展质量""区域协调""自主发展""提高技术服务附加值""内部保证和外部评估协调配套"等提法均有新意,体现了设计落实既定政策过程中的创新。

二、转换角度再认识

《行动计划》发布已经两个多月,各地和大多数行业职业教育教学指导委员会都在分头制订实施方案,贯彻执行还有很多事情要做。能否准确把握要义,将直接影响实施工作的效果。因此,深入学习领会尤为重要。重读《行动计划》,可以从研究角度归纳出 5 个"更加强调"。

(一)更加强调发展质量

规模、结构、质量、效益是传统衡量教育发展成效的主要方面,高职教育多年来突出强调了人才培养质量,《行动计划》提出"发展质量持续提升",指的是高职事业发展的质量,是系统质量、大质量的概念。

一是构建结构完整、运行顺畅的职教体系。《决定》已经明确描述了现代职业教育体系的构成,关键是构建过程中要避免"拉郎配",真正做到分类管理,按照同一类型人才成长的规律进行培养。"接续培养"绝不是简单从校门到校门的接力,而是要在应用型人才培养模式改革的总框架下,以教学内容改革为基础,培养方案系统设计而又相对独立的分层培养,强调培养模式改革方向上的一致性。同时提出,专科层次高职院校探索发展本科层次职业教育专业应主要围绕培养"中国制造 2025"所需要的人才来进行。

二是继续支持建设一批优质学校。领头羊的影响从来不可忽视,扶优扶强的政策需要延续。2006 年以来实施的国家高职示范(骨干)校项目非常成功,几乎成为高职深化改革和高质量的代名词,成为高职教育的名片。但院校发展从来不是齐步走,保持和激发改革发展动力,曾经的先进不一定是永远的先进,要让有作为的学校都有进入第一方阵的机会。示范校建设使得高职人才培养模式改革更加定型,骨干校建设推动了促进工学结合、校企合作的体制机制创新,优质校建设则应力争在培养杰出人才、强化技术技能积累和实质推进国际交流合作(不仅仅是引进优质资源)方面有所突破。

三是提升专业办学质量、优化区域内专业结构。专业是社会人才结构和教育培养结构的分类基础,是职业院校与社会需求的接口,也是各种教学改革的载体。从某种意义上来说,专业质量代表了教育质量,也决定了学校特色。设置和举办专业应该有明确的服务对象、专业方向,校企合作培养人才,要立足于不断改善专业教学条件而加大教学投入。地方教育行政部门对区域内的专业结构负有责任,要有调控手段,提高专业设置的有效性。

四是促进区域高职教育协调发展。如果说优质学校建设可以为高职发展拓展空间、树立示范,区域协调则能够有效提升高职教育的保底水平。学校布局与调整是各地的职责,如何构建起利益相关方共同决定的学校设置调整机制,解决设学校和管学校"两张皮"的问题,值得地方教育行政部门思考。"探索基于增强发展能力的东中西部合作机制",实施造血式的"扶贫"不仅应该成为全国范围内跨省的做法,也应该成为省内推进高职院校协调发展的手段。

五是强化服务国家战略的意识和能力。中国职业教育的价值,一在服务人的全面发展,二在满足国家发展需要。当前,教育行政部门和实际办学者都应该仔细研究,积极应对,努力满足"中国制造2025""互联网+""一带一路""精准扶贫"等国家战略的实施需求,满足人才供给提出的新需求,提高高职教育服务国家战略的水平,提高人才供给的针对性,同时,也为学生就业提供更多机会,拓展更广阔空间。

(二)更加强调综合改革

随着高等教育发展进入新的阶段,综合改革成为保持和挖掘发展动力的抓手。综合改革的目的是要保证教育领域各项改革方向一致,相互配合产生叠加效应,形成"1＋1＞2"的效果。高职教育也不例外。

一是正确把握和推进分类考试招生改革。2013年《教育部关于积极推进高等职业教育考试招生制度改革的指导意见》规定了高职分类考试招生的6种方式和各自对应的生源或专业条件;2014年《国务院关于深化考试招生制度改革的实施意见》要求2017年分类考试招生成为高职院校招生的主渠道。实施分类考试招生是为解决统一高考解决不了的不同类型生源进入高职学习的问题,一种方式对应解决一类问题,必须严格遵守规定的条件。如果选择性地执行政策,将上述方式用于解决因自身培养质量、社会声誉等导致招生困难的中、高职学校面临的招生问题,则违背了制度设计的初衷,不及时纠正必将累及整个高职教育的声誉。

二是推动建立学分积累转换制度。学分是学习经历与成果的记录,应该跟随学习者终生;学分认定体现不同教育机构之间学习经历和学习要求的差异;学分转换则是新的教育机构对新进入的学习者学习基础的确认。认定不等于转换。《行动计划》提出在构建职教体系与学科型教育体系沟通机制的时候,不以牺牲入门质量作为代价,而是建立基于学分积累转换制度的"学力补充"机制,"缺什么补什么",正视培养类型不同导致的学习基础差异。如果说"接续培养"是为了保证职教体系内不同层级教育培养目标和模式的一致性,学历补充则是在保证体系培养目标和质量的基础上,实现学习者跨体系的有序流动。

三是推动高职教育更好地"走出去"。此前,高职教育"走出去"的目的地主要是职业教育发达国家,形式主要是引进优质教育资源。但应该看到,经过多年快速发展,我国高职教育相对其他更多国家已经具有较大的比较优势,对外交流合作可以有更大作为。《行动计划》提出了发掘和满足"走出去"企业需要,培养支撑企业在当地生产运营需要的技术技能人才;探索对发展中国家进行职业教育援助;为周边国家培养既熟悉和认可中华文化,又为当地经济社会发展所需要的技术技能人才等实质性"走出去"的形式。

四是重视和推动应用技术研发。产学研结合一直是我国教育发展的基本指导思想,但在以教学型和研究型分类学校的时候,高职教育名义上被剥夺了研究职能,是《决定》将技术技能积累使命重新赋予了职业教育。因此,如何实现应用技术的传承、应用与创新成为高职院校必须面对和解决的课题。高职院校的应用研究必须与杰出人才培养相结合、与教学团队建设相结合,坚持教授上讲台;以解决实际生产运营问题为目标,提高学校社会服务的附加值和在校企合作中的话语权。

五是重视学生的人文素养和职业精神培育。高职教育是高等教育的重要组成部分,作为接受过高等教育的高职毕业生,应该具备基本的人文素养,这在学校安排教学计划、组织社团活动时必须充分考虑。作为职业人,职业精神和职业技能缺一不可,起码的职业操守和能够胜任岗位的技术技能,是对高职教育质量的最好衡量。高职教育培养的不是简单工具,而是国家和社会需要的合格公民、技术技能人才。做到这一点,需要学校行政、教学、学生等方方面面的综合协调和共同努力。

(三)更加强调创新发展

创新是发展的倍增器。方向一旦确定,方式方法创新就成为展现战线智慧、激发改革活力的重要方面。创新没有一定之法。如何把握实质、发挥基层首创作用,是实现高职教育创新发展的重要内容。

一是丰富集团化办学的实现形式。《教育部关于深入推进职业教育集团化办学的意见》,明确了多元主体组建职业教育集团的工作思路。《行动计划》从易于实质运转和有利拓展优质资源覆盖面的角度,提出"支持有特色的专科高等职业院校以输出品牌、资源和管理的方式成立连锁型职业教育集团"的新选项。可以预见的是,这对帮扶改造薄弱院校,促进中高职衔接、提高高职院校多样化生源的质量,将会起到积极作用。

二是鼓励开展现代学徒制培养。以"兼具学生与员工身份,校企双主体培养"为核心特征的现代学徒制,是职业教育"工学结合、校企合作、顶岗实习"人才培养模式发展的最新阶段,也是落实《决定》确定的企业办学主体责任的有效举措。《行动计划》提出以特色学院的形式实施现代学徒制培养,就是要运用制度优势在高职院校推广这一创新做法。对学校来说,意味着可以更多聚集优质资源,改善和提高输送人才的适用性;对合作企业来说,变雷锋式的帮助学校培养人对到为自己培养人才,打消投入职业教育的顾虑。

三是推动具有混合所有制特征的办学实践。混合所有制办学是《决定》对职业教育提出的新的实践方向。党的十八届三中全会《关于全面深化改革若干重大问题的决定》明确提出,混合所有制"有利于国有资本放大功能、保值增值、提高竞争力",这也应成为教育领域实践混合所有制的基本要求。就教育来说,混合是为了汇聚资源,增强能力,提高学校人才培养工作对市场变化的敏感度和反应速度。基于混合所有制办学适用政策尚不明确,党委领导下校长负责制是在高职院校坚持党的领导的根本制度的现实,《行动计划》提出"鼓励企业和公办高等职业院校合作举办适用公办学校政策、具有混合所有制特征的二级学院"。

四是深化高职院校创新创业教育改革。"双创"是本届政府首提的国家战略,高职院校如何落实好《国务院办公厅关于深化高等学校创新创业教育改革的实施意见》,是今后一个时期的重要工作。结合教育教学内容与方法改革培养学生的创新意识,结合提升专业教育质量赋予学生创新的本领,结合社团活动与实践教学提供学生创新创业的机会与条件,应当成为高职院校关注和努力的方向。

五是推进职业教育信息化。近年来,职业教育信息化动作不断,建设精品资源共享课、举办职业院校信息化教学大赛、颁布《职业院校数字校园建设规范》、资源库建设,从最初的改善条件、充实资源、提升管理,发展到了健全标准、消除孤岛、改进教学的新阶段。但这仍然不够,新时期,职业教育信息化更重要的意义在于通过应用推动"教"与"学"的方式方法甚至形态的变革创新,使其更加适合当下学生的学习习惯和认知规律,从根本上改善学习效果。

(四)更加强调保障体系

这里是指对整个高职教育全方位的保障,而不限于直接保障教学质量,包括制度、标准、措施等一系列内容。

一是保障专兼职教师队伍质量。《行动计划》专门用了两个条目对教师队伍建设与管理提出要求,强调:兼职教师应以专业技术人员和高技能人才为主,并主要承担专业课程和实践教学任务;按每学年160学时为单位工作量计算兼职教师数,保证兼职教师发挥实际作用;专任专业教师每5年企业实践时间累计不少于6个月,方便学校安排教学任务和教师在企业深入实践;鼓励有条件的地方单独组织高职教师职称评审,保证教师发展方向;鼓励学校制定高于教育部要求的"双师"标准,提高"双师型"教师质量。

二是有质量地落实高职生均经费政策。中央财政以各省范围内高职的生均经费水平,参考地方财力情况,确定对地方的拨款标准奖补。换句话说,央财的高职生均奖补是面向全省高职的奖补,不仅对省属高职。虽然不要求平均分配,但一些地方实际上以"谁的孩子谁抱走"的做法落实两部生均经费政策,有失公允,存在"劫贫济富"的嫌疑。

另一方面,高职生均经费是指"地方财政通过一般公共预算安排用于支持高职院校发展的经费",不包含按照收支两条线要求上缴后返还学校的学费,这一点不容混淆。

三是明确了院校治理的途径和要求。"依法制定章程,完善治理结构,提升治理能力"是《行动计划》提出的实现院校治理的路径。这其中,章程建设是根本、是统领。无论是董事会、理事会、学术委员会等学校治理形式,还是落实学校办学自主权,都必须以章程作为基础,否则就都成了空中楼阁,于法无据。2014年教育部提出"所有高校应于2015年前完成章程制定"的要求,但目前各地高职院校的章程建设工作进展差异巨大,必须引起有关地方和学校的重视。

四是提高高职质量年度报告的质量。高职教育率先落实《国家中长期教育改革和发展规划纲要(2010—2020年)》(简称《规划纲要》)关于"建立高等学校质量年度报告发布制度"的要求,国家、省、学校三级质量年度报告已经连续发布4年,在各级各类教育中独树一帜。下一步将根据每年教育部对年报的具体要求,加强对报送工作和年报合规性的监督通报,进一步提高年度质量报告的量化程度、可比性和可读性。

五是建立高职教学工作诊断与改进制度。《行动计划》首提要形成"教育内部保证与教育外部评价协调配套的现代职业教育质量保障机制",新意在于建立诊断改进机制。学校是诊改工作的主体,教育部发布指导方案,省级教育行政部门组织抽样复核。诊改是管、办、评分离后,落实学校人才培养质量主体责任、加强教育行政部门事中事后监管的制度设计,与管办评分离后的评估互不矛盾、互为补充。管办评分离的评估是教育之外的第三方对教育质量进行价值判断,不反映办学者和管理者意愿。诊改则是学校自主保证质量的举措,是教育行政部门履责监管办学者质量保证能力的手段。

(五)更加强调省级统筹

职业教育"在国务院领导下,分级管理、地方为主、政府统筹、社会参与"的管理体制和《规划纲要》关于"加强省级政府教育统筹"的规定,都要求高职教育以省级统筹为主。

一是增强省级统筹的能力和责任。根据中央深化财税体制改革的要求,今后一个时期,中央财政主要按照因素分配法核定对各省的资金投入,实施目标管理,不再直接确定具体项目与资金额度。2014年起,中央财政已经开始根据各地生均拨款制度的建立完善情况、事业改革发展绩效、经费投入和管理情况等因素给予高职教育综合奖补,分为拨款标准奖补和改革绩效奖补两部分,由地方统筹用于高职教育改革发展,即中央财政对高职的投入主要以一般性转移支付的方式下发给了省级政府。因此,省级政府今后对域内高职事业的发展负有更重要的责任。

二是《行动计划》落实工作以省为主。《行动计划》既是高职事业改革发展的路线图,也是引导中央财政投入以一般性转移支付的方式下达到地方后资金投向的指北针。附表所列的任务(项目)由各地(行指委)根据实际条件和需要自主提出承担意愿、自行落实保障措施,在此基础上编制总体落实方案,纳入教育部统一管理后实施。凡教育部同意安排的任务(项目)每年都要在规定的时间、按照《行动计划》管理平台的要求报告进度。各地(行指委)也可在《行动计划》规划的任务(项目)之外安排需要的工作,《行动计划》管理平台可应省里的要求开通省级任务(项目)管理专区。

三、效果预期与不足

《行动计划》的设计与实施,既是客观因素相互作用的结果,也是新形势下转变政府职能的必然。《行动计划》贴近实际的内容设计和平台化的项目管理,势必方便地方和学校落实计划,也有利于将来对执行绩效的统计分析。由于执行效果将被纳入中央财政对地方改革绩效奖补分配因素中的"事业改革发展绩效"范围,实际的执行效果应该值得预期。

不足之处在于执行期限较短。《决定》和《体系规划》的有效期都远超 3 年,作为两个文件的落实计划,《行动计划》定期 3 年显然不合理。而《行动计划》的实际内容相对 3 年时间来说也过于丰富,全部做完难度很大。好在很多学校已把《行动计划》内容作为制定学校发展"十三五规划"的重要依据,这将赋予《行动计划》新的生命力,也算是《行动计划》从"生不逢时"到"正当其时"的意外收获。

(作者:林宇,教育部职业教育与成人教育司)

高职教育:如何创新发展?

高志研

终于,教育部正式发布了《高等职业教育创新发展行动计划(2015—2018 年)》,这是今后一个时期,高等职业教育界发展的路线图。对于贯彻 2014 年全国职业教育工作会议精神、落实全国人大常委会职业教育法执法检查有关要求、深入推进改革发展,意义重大。今天,我们编发此稿,就是希望激发高职教育领域的认识、思考和行动,理解和实施《行动计划》,为高职教育的创新发展发出先声。

日前出台的《行动计划》,紧扣住了目前高职教育的时代使命,坚持问题导向,直面困难挑战,规划设计了一系列政策制度和任务项目,从战略高度来理解,可以归纳为三个关键词:挑战、行动、跨越。

一、机遇与挑战并存

当前,高等职业教育正处于最好的发展机遇期。然而,机遇与挑战并存,高职发展至少面临八个方面的现实挑战。

顶层设计初具雏形,如何落细落小落实。2014 年以来,职业教育发展的顶层设计已初具雏形。要切实推动全国职业教育工作会议精神和《决定》规定的各项政策、标准、任务在高等职业教育领域落地生根、发挥作用,建章立制、制定标准、完善政策必须转入落细落小落实的新阶段。

规模扩张已达极限,如何强化内涵建设。1999 年第三次全国教育工作会议做出大力发展高等职业教育决定后,高等职业教育蓬勃发展,已经成为中国高等教育的半壁江山。2010 年以来,高职教育规模基本稳定,年招生数在 320 万人,在校生数在 980 万人,校均规模在6000 人左右窄幅震荡。高等职业教育已经跨过规模扩张的历史阶段,开启了以强化内涵建设为主要任务的新征程。

考试招生不断变革,如何应对生源多样。据统计,2014 年高等职业教育分类考试招生人数达到 151 万,占高职招生计划总量的 45%。《国务院关于深化考试招生制度改革的实施意见》(国发〔2014〕35 号)明确提出,2015 年通过分类考试录取的学生占高职院校招生总数的一半左右,2017 年成为主渠道。考试招生制度改革导致高职院校生源类型呈现多样化、多元化趋势,高职院校必须积极应对这一挑战。

自主办学逐步扩大,如何强化科学管理。《决定》明确要扩大职业院校在专业设置和调整、人事管理、教师评聘、收入分配等方面的办学自主权,推行管办评分离,强化督导评估。这是一种"政府指路学校走"的新模式。高职院校要用好办学自主权,迎接新型管理模式挑战,必须强调规范化、科学化、精细化管理。

校际竞争日益激烈,如何突出质量特色。高职院校需要着眼了服务经济社会发展全局,立足自身发展的新阶段、新特征,切实提高人才培养质量,着力特色化发展,在校企合作、集团化办学、应用技术协同创新等领域打造"人无我有"的办学特色。高等职业教育已经进入必须突出质量和以特色求生存、谋发展的新阶段。

信息技术飞速发展,如何应对形势变化。信息技术快速发展,在提供了先进的教育教学手段和技能的同时,也促使教与学的方式发生了翻天覆地的变化。高职院校要有效应对,确立学生在学习中的主体地位,以学生为中心,推进教与学的双重改革。

多元主体参与办学,如何深化多方合作。在推进多元主体参与职业教育办学,深化多方合作方面仍存在一些问题。例如,政府的主导作用发挥得还不够充分;行业参与职业教育的机制建设还不成熟;企业参与积极性不高、主动性不强等。各方共同参与的职业教育合作运行机制需要进一步探索。

财税体制深化改革,如何强化省级统筹。省级政府承担统筹高等职业教育改革发展的重要职责,如何准确定位中央与省级职责分工,切实发挥省级统筹作用,如何引导已拨付的中央财政资金的使用方向,使全国高等职业教育协调、全面发展,已成为我们必须直面并要切实解决的重要课题。

二、关键要落实行动

坚持问题导向,《行动计划》可分为"扩大优质教育资源""增强院校办学活力""加强技术技能积累""完善质量保障机制""提升思想政治教育质量"等 5 部分 32 条。为有效推动计划落实落地,文本后附加"任务、项目一览表",将主要内容细化为 65 项任务和 22 个项目,各地可结合实际需要"认领"不同的任务和项目。教育部将本着"有预算支持的优先、实施方案可操作性强的优先、预期成果量化程度高的优先"原则，在总体规模内择优安排各地所要承担任务与项目，并通过信息化平台进行项目过程管理、监控与绩效评价。

《行动计划》指出了未来一段时间从教育部、教育厅到院校整个高职战线的重点工作任务。主要包括：

打造优质高职院校和骨干专业。一是以优势学校建设引领高职教育整体发展。优势学校与已经建设的示范（骨干）校相比要求更高，要求办学定位准确、专业特色鲜明、社会服务能力强，在技术创新、杰出人才培养、国际合作交流等方面处于领先水平，具有较强的影响力和综合实力。二是以骨干专业（群）建设推动院校内涵发展。国家级的骨干专业（群）建设将优先在紧贴产业发展、校企深度合作、社会认可度高的专业中遴选，引导高职院校整体提升专业水平，服务国家重点发展产业，提升技术协同创新水平。

做大优质教学资源。顺应"互联网＋"的发展趋势，《行动计划》主要通过职业教育专业教学资源库和国家精品在线开放课程两个国家级项目带动和构建国家、省、学校三级数字教育资源共建共享体系。力争经过三年建设，为实现《决定》"所有专业的优质数字教育资源全覆盖"的目标奠定坚实基础。到 2018 年，规划在建及验收国家级项目达到 100 个左右，并带动不少于 200 个省级资源库和数百个校级资源库建设，基本形成三级资源库建设体系。

完善高职教育结构。目前，高职教育结构的国家层面设计基本成形。在这一框架体系下，《行动计划》强调：一是推进高等学校分类管理，系统构建专科、本科、专业学位研究生培养体系；二是持续缩减本科高校举办就业率（不含升学）低的高职教育规模，鼓励各有所专、错位发展，保留专科高职发展空间；三是开展设立专科高等职业教育学位的可行性研究。《行动计划》提出了"接续培养制度"概念——职业教育体系内部，应届毕业生升入高一级学校继续学习的制度，并从标准体系制定、专业设置与目录管理、人才培养方案及教学内容设计等方面,对完善接续培养制度提出具体要求。

探索混合所有制办学。一是通过探索高职职业院校股份制、混合所有制办学,进一步深化职业教育办学体制改革,激发办学活力;二是为各种所有制资本参与职业教育办学提供更多机会,优势互补、汇集资源;三是优化公办职业教育资源,增强公办高职的带动力和影响力。而作为职业教育的新鲜事物,混合所有制办学需要整个高职界在现有政策框架内不断探索,以成功经验带动整体发展。

健全质量保证体系。《行动计划》明确了三个方面内容:一是修订《高等职业院校专业目录》和《高等职业院校专业设置管理办法》,促进高职专业设置与经济社会发展、区域产业发展、职业变化更加吻合。二是建立人才培养工作诊断改进制度。三是完善质量年度报告制度。在实事求是、客观真实的前提下,逐步提高质量年度报告的量化程度、可比性和可读性。

提升院校治理能力。《行动计划》以高职院校章程建设为统领,明确要建立健全依法自主管理、民主监督、社会参与的高职院校治理结构。而着力点有三:深化学校内部管理制度改革,落实学校办学自主权;建立学校、行业、企业、社区等共同参与的学校理事会和董事会,发挥咨询、协商、审议与监督作用;发挥学术委员会的重要作用。

提高资源保障水平。鉴于部分地区特别是各地市级政府主办的高职院校经费保障水平仍然较低,《行动计划》进一步强调"各地应引导激励行政区域内各地市级政府(单位)建立完善以改革和绩效为导向的专科高等职业院校生均拨款制度""生均拨款制度要覆盖所有独立设置的公办高等职业院校";而兼职教师应以专业技术人员和高技能人才为主,并主要承担专业课程教学和实践教学任务;同时,《行动计划》强调完善分级管理、地方为主、政府统筹、社会参与的管理体制,形成组织保障合力,落实相关主体共同参与高职教育创新发展的责任。

推进国际交流合作。《行动计划》要求高职院校主动服务国家外交战略要求,助力优质产能"走出去",增强中国影响,彰显职业教育的中国特色;广泛参与国际职业教育合作与发展,发出职业教育的"中国声音";吸收和借鉴发达国家的成功经验,学习和引进国际先进成熟适用的职业标准、专业课程、教材体系和数字化教育资源。

促进区域协调发展。当前,全国高等职业教育发展面临诸多薄弱环节和难点,尤其是农村地区、民族地区和贫困地区约高职教育基础薄弱,东西部高职教育发展不平衡。《行动计划》强调以"科学规划""立足当地""对口支援""综合改革"支援困难地区高职院校提升办学能力和培养水平。

增强技术服务能力。高职院校发挥自身优势,提高社会服务的技术附加值,对改善高职教育弱势地位、提升社会影响、促进社会发展具有积极意义。2014 年,高职院校科研和技术服务收入达 26 亿元,校均210 万元,其中超过 1000 万元的有近 60 所学校。《行动计划》提出,要将高等职业院校建设成为区域内技术技能积累的重要资源集聚地,配合"中国制造2025",主动适应新一代信息技术产业、高档数控机床和机器人等产业发展,调整专业结构,提供坚实人才保障。

三、实现全新的跨越

《行动计划》描绘了今后三年我国高职教育的发展蓝图,需要高职界凝聚共识,积极行动,形成创新高等职业教育发展的巨大合力。未来几年,高职教育战线要以贯彻落实《行动计划》要求为工作主线,切实推动高职教育在发展动力、发展模式、办学状态等方面实现重大转变,呈现全新发展面貌,实现全新的跨越。

发展动力:由政府主导转向院校自主。《行动计划》贯彻落实国家教育体制综合改革要求,明确了诸多保障院校自主权的政策举措。各项任务和项目并不强制承担,而是由地方和学校根据实际需要自愿提出,自主安排。广大高职院校应该充分发挥主观能动性,主动适应形势变化,切实体现改革创新的主体作用,实现发展动力由政府主导向院校自主的转变。

发展模式:从规模扩张转向内涵建设。随着《行动计划》实施,高职院校应准确把握发展模式的变化,在稳定规模的基础上,以人才培养为中心,以提高质量为核心,把资源配置和工作重心转移到教育教学改革和技术技能人才培养上来,向内挖潜,整合资源,优化结构,夯实基础,练好内功,实现发展模式的转变。

办学状态:从相对封闭转向全面开放。《行动计划》要求高职教育继续坚持开放办学的理念,面向社会构建开放的办学体系,面向行业企业建立开放合作的机制,面向多样化生源实行开放性教学,面向终身学习需求建立开放性的学分积累、认定与转换机制,通过开放办学及时应对区域产业发展需求,增强服务地方经济发展的能力,实现可持续发展。

评价内容:从硬件指标转向内涵指标。评估评价是教育发展的指挥棒。《行动计划》从关注硬指标的显性增长转向关注软实力的内在提升,重在引导高职院校办出特色、办出水平。高职院校要健全内部质量评价保证机制,实施对教学基本状态的常态监测,实现自我及时诊断、随时改进。

教师队伍:从学历职称转向"双师"结构。《行动计划》提出了加强高职"双师"队伍建设的系列措施,支持高职院校聘用实践经验丰富的企业工程技术人员、高技能人才担任专兼职教师,推进校企共建"双师型"教师培养培训基地,鼓励高职教师到企业实践锻炼,提升"双师"素质,优化专兼职教师结构。

社会服务:从教学培训为主转向教学培训与应用研发并重。目前,高职院校获取的技术服务性收入超过26亿元,但主要用于教学培训方面。《行动计划》强调院校要做到教学培训与技术研发并重,建立技术技能积累创新的机制,通过技术研发服务产业的转型升级,提升社会服务的层次。而各行业企业要成为学生教学和训练的主要场所、教师"双师"素质锻造和科研的平台、校企合作和生产服务的基地,成为教师在技术研发方面进行社会服务的重要窗口。当前,我国高等职业教育已经步入更高起点的发展新阶段,随着《行动计划》的深入实施,高职教育必将进一步夯实发展基础,激发发展活动,提高发展质量,为实现"两个一百年"奋斗目标和中华民族伟大复兴的中国梦提供坚实人才保障。

(作者:高志研,教育部职业教育与成人教育司)

高职创新发展再开新局

高志研

编者按:《高等职业教育创新发展行动计划(2015—2018 年)》发布后,各省级教育行政部门和行业职业教育教学指导委员会(简称行指委)积极响应,制定实施方案,主动承接各项建设任务。日前,教育部又印发了《关于确定〈高等职业教育创新发展行动计划(2015—2018 年)〉任务(项目)承接单位的通知》,明确了 31 个省(区、市)、新疆生产建设兵团 46 个行指委的具体任务数量及分布,预估经费和各实施方案也同期发布。高职创新发展由此进入实际落实状态。今天刊发此文,就是详尽解读此次行动计划,为已然开工的高职创新发展凝神聚气。

准确全面理解《行动计划》和各自任务,有利于高职界内各方准确结合各自职业教育办学实际,科学设定行动目标,精准描绘发展蓝图,主动规划建设内涵,从实设计任务举措,切实推动高等职业教育更加健全发展。着眼于此,对于此次《行动计划》的理解和落实,要着力抓好其几个明显特点。

一、省级统筹主体意识明显强化

责任主体作用突出。《行动计划》所列 87 个任务和项目中,由省级政府牵头落实或参与落实的有 71 项,占到 81.61%,顺应政府职能转变和国家财税体制改革要求,充分体现了省级政府作为实施《行动计划》责任主体,积极发挥统筹和保障作用。

主动建设积极性高。各地承接任务 1306 项、项目 12272 个,预估投入经费 204.12 亿元;各地平均承接任务、项目 54.22 项;承接的项目总数达到原定计划数的 1.5 倍;同时各地还根据区域高职教育现状和发展需求创新设立了符合区域特色的任务和项目。

统筹反馈机制完善。各地明确由省教育厅负责落实所承担的《行动计划》任务、项目的日常管理,指导和推进高等职业教育创新发展。各有关高职院校明确由校(院)长担任负责人,明确路线图、时间表,做到组织到位、责任到位,确保落到实处。同时,还建立评估检查和信息反馈制度,定期组织对实施情况进行调研和评价,将各地的完成情况作为省级财政资金支持和中央财政改革绩效奖补的重要依据。

二、资金保障以改革和绩效为导向

建立与完善生均拨款制度。各地建立完善以改革和绩效为导向的专科高等职业院校生均拨款制度,向改革力度大、办学效益好、就业质量高、校企合作紧密的学校倾斜,向管理水平高的学校倾斜,向紧贴产业转型升级急需的专业以及农林水地矿油等艰苦行业专业倾斜。

各地均明确落实生均拨款政策,到 2017 年,专科高等职业院校年生均财政拨款平均水平不低于 12000 元。

建立政府投资稳定增长机制。各地预估投入经费省均达到 6.38 亿元,其中安徽、广西、广东、北京、山东等地超过 10 亿元;但也应该清醒地看到少部分地区对高等职业教育发展投入力度还不够,其中甘肃、辽宁、吉林等地预估校均支持经费不足 400 万,因此还需进一步拓展资金来源。

三、内涵建设质量是重中之重

紧紧抓住提升质量这个根本。《行动计划》提出"发展质量持续提升",指出高职事业发展的质量是系统质量、大质量的概念。各地高度重视以内涵建设为抓手提升高职发展质量,围绕培养"中国制造 2025"所需要的人才,提高服务"互联网+""一带一路""精准扶贫"等国家战略的水平开展建设,着力构建职教体系,建设优质学校,提升专业办学质量,促进区域协调发展。

内涵建设重点瞄准桩基性项目。各地在优质学校、骨干专业以及生产性实训基地建设方面的积极性很高,预估投资总额超过 162.42 亿,其中骨干专业建设 3770 个,投入 67.81 亿;优质专科高等职业院校建设 313 所,投入 63.65 亿;校企共建的生产性实训基地 1653 个,投入 30.96 亿。

教育信息化重在提升学习成效。各地在信息化建设上预估投入支持金额达 12.27 亿元,其中建设省级高职教育专业教学资源库 297 个,投入 4.39 亿元;省级高职教育精品在线开放课程 3332 个,投入 4.83 亿元;建设职业能力培养虚拟仿真实训中心 192 个,投入 3.04 亿元。顺应"互联网+"的发展趋势,通过各类资源网、数字图书馆、智慧校园、云服务等信息资源和平台的建设,构建并逐步形成国家、省、学校三级数字教育资源共建共享体系。通过应用推进教与学的双重改革,使其更加适合当下学生的学习习惯和认知规律,从根本上改善学习效果。

四、提升行指委指导推进积极性

行业指导优势进一步发挥。行指委在现代职业教育体系建设和职业教育改革发展中的指导作用越来越显著,参与的积极性也很高,从公开的信息来看,46 个行指委共承接任务 324 项、项目 1774 个,预估投入经费 23.12 亿元。

校企合作向纵深发展。从行指委承接的任务看,关注的重点放在推进校企深度合作促进职业教育更好地服务产业发展等方面,其中重点支持紧贴产业发展、校企深度合作、社会认可度高的骨干专业建设的项目 543 个,投入 7.55 亿;指导技术先进、管理规范、社会责任感强的规模以上企业与专科高等职业院校共建生产性实训基地开展深度合作的项目 281 个,投入 5.04 亿;以提升专业教学能力和实践动手能力为目的推进校企共建"双师型"教师培养培训基地 226 个,投入 1.78 亿;应用信息技术改造传统教学,建设职业能力培养虚拟仿真实训中心 99 个,投入 2.68 亿;引导和扶持企业与高等职业院校联合开展"现代学徒制"培养试点 166 个,投入 1.28 亿,以市场为导向,多方共建应用技术协同创新中心 134 个,投入 2.69 亿,推动专科高等职业院校与当地企业合作办学、合作育人、合作发展。

共建共享向标准化迈进。通过行指委开展相关工作可以更好地实现资源跨区域共建共享,实现资源行业企业共建共享,通过修订职业教育专业教学标准和实验实训装备技术标准,深入产教融合、校企合作,更好地实现人才培养模式创新发展。

五、创新发展行动效果可期

　　高等职业教育质量保障机制基本完善。各地全面推进高职教育质量年度报告制度，强化对报告发布情况和撰写质量的监督管理；鼓励社会力量参与职业教育办学、管理和评价，以行业企业用人标准为依据，设计诊断项目，通过反馈诊断报告和改进建议等方式，反映专业机构和社会组织对高职院校专业教学质量的认可程度；建立高职教学工作诊断与改进制度，如通过开展高校教学巡查诊断、抽样复核、建立诊改档案等方式落实学校人才培养质量主体责任，优化教育行政部门事中事后监管的制度设计，形成学校自主保证质量的举措，加强教育行政部门履责监管办学者质量保证能力的建设。

　　高等职业教育国际化发展水平稳步提升。此前，高职教育"走出去"的目的地主要是职业教育发达国家，形式主要是引进优质教育资源，学习和引进国际先进成熟适用的职业标准、专业课程、教材体系和数字化教育资源。此次，多地《行动计划》实施方案中提出在"引进来"的同时，助力优质产能"走出去"，如在境外建设"鲁班工坊"培养支撑企业在当地生产运营需要的技术技能人才；通过职教援外培训基地、海外职业教育培训中心、招收外国留学生方式等探索对发展中国家职业教育援助；为周边国家培养既熟悉和认可中华文化，又为当地经济社会发展所需要的技术技能人才。这些都是实质性"走出去"的形式。

　　中国特色职业教育发展道路已基本形成，我国高等职业教育步入更高起点的发展新阶段。未来几年，高职教育战线将以贯彻落实《行动计划》要求为工作主线，深入实施《行动计划》，凝聚共识，积极行动，形成创新高等职业教育发展的巨大合力，对接"中国制造 2025"等战略，切实推动高职教育与经济社会同步发展，促进发展动力由政府主导向院校自主转变、发展模式从规模扩张向内涵建设转变、办学状态从相对封闭向全面开放转变、评价内容从硬件指标向内涵指标转变、教师队伍建设从学历职称向双师型结构转变、社会服务从技术培训向应用研发转变,呈现全新发展面貌,实现全新的跨越,为实现"两个一百年"奋斗目标和中华民族伟大复兴的中国梦提供坚实人才保障。

（作者：高志研,教育部职业教育与成人教育司）

第 二 章

专家笔谈

行动计划开启高职教育发展新时代

马树超

"创新发展高等职业教育"是国务院《关于加快发展现代职业教育的决定》对高等职业教育发展的新期待、新要求。教育部日前发布《高等职业教育创新发展行动计划(2015—2018 年)》,明确提出"扩大优质教育资源、增强院校办学活力、加强技术技能积累、完善质量保障机制、提升思想政治教育质量"五大行动,强化内涵发展、特色发展和创新发展,开启我国高职教育整体质量提升的新时代。

一、行动基础:示范校建设形成创新发展共识

过去 10 年,是国家示范高职院校项目建设引领高职教育改革发展

的 10 年,是奠定高职教育创新发展重要基础的 10 年。2005 年国务院提出重点建设 100 所国家示范性高等职业院校,提升这些学校培养高素质技能型人才的能力,促进它们在深化改革、创新体制和机制中发挥示范作用,带动全国职业院校办出特色、提高水平。2006 年教育部、财政部《关于实施国家示范性高等职业院校建设计划,加快高等职业教育改革与发展的意见》和教育部《关于全面提高高等职业教育教学质量的意见》联袂发布,明确要求示范建设项目在办学实力、教学质量、管理水平、办学效益和辐射能力等方面有较大提高,特别是在深化教育教学改革、创新人才培养模式、建设高水平专兼结合专业教学团队、提高社会服务能力和创建办学特色等方面应取得明显进展。

注重建设、注重改革、注重行动、注重绩效,是国家示范性高等职业院校建设项目的重要经验。2010 年启动的第二批国家示范性高职院校(即国家骨干高职院校)建设项目,更是将示范项目建设中发现的体制机制、环境政策、教师资源和服务能力等制约因素作为新一轮改革的重要方面,丰富了示范建设项目的内涵,增强了引领和辐射功能。国家示范性高等职业院校建设项目的实施,明确了方向、凝聚了共识、强化了政策导向,助推一批优秀高职院校成为"改革的示范、发展的示范和管理的示范",显示出空前活力和勃勃生机。

示范高职项目建设 10 年已经过去,面对新时期新要求,《行动计划》将"高等职业教育整体实力显著增强,人才培养的结构更加合理、质量持续提高"作为行动方向,要求以示范引领整体发展,持续深化教育教学改革,大幅提升技术创新服务能力,实质性扩大国际交流合作,提升学校对地方和产业发展的贡献度。

二、行动方向:立德树人,服务发展,促进就业

《行动计划》提出高职教育创新发展要坚持"以立德树人为根本,以

93

服务发展为宗旨,以促进就业为导向",开展优质学校建设。

这一重要行动,将在 10 个方面突显"优质":一是优质的毕业生竞争力,这是高职院校促进学生可持续发展的核心指标,《行动计划》强调要加强以职业道德培养和职业素质养成为特点的高等职业教育学生思想政治教育工作,着力培养既掌握熟练技术,又坚守职业精神的技术技能人才,提高毕业生发展竞争力;二是优质的科研成果转化能力,这能反映高职教育的产学研合作水平,更好地适应社会发展需要;三是优质的服务地方和服务行业的能力,这体现高职教育服务发展的办学方向,也是高职教育具有不可替代性的标志;四是优质的办学和教学资源条件,这直接展示高职院校的教育教学实力,也是发展服务、促进就业的基础条件;五是优质的"双师型"教师队伍,包括专任教师的双师素质和教学团队的双师结构,这次《行动计划》将"改进高职教师管理"作为完善质量保障机制的重要行动,鼓励高职院校制定和执行反映自身发展水平的"双师型"教师标准,将"一批国家示范(骨干)高等职业院校制定执行反映自身发展水平、不低于国家规定标准的双师型教师标准"作为第 55 项任务,就是明确的指向;六是优质的学生个性化发展,这是让学生都有人生出彩机会的前提,是将"立德树人"理念落地的重要行动;七是优质的校企合作、协同育人水平,以体现《行动计划》将"发挥企业办学主体作用"作为增强院校办学活力的重要指标这一要求,提高满足市场需求和企业需求的能力;八是优质的协同创新能力,重点面向区域需要和行业企业发展需要,《行动计划》要求建立"以市场为导向多方共建 500 个左右应用技术协同创新中心",构建创新发展的平台;九是优质的国际交流与合作,面对国家实施"一带一路"战略,将不再局限于引进和借鉴国外经验,更注重在服务我国企业"走出去"中发挥重要作用;十是优质的社会认可水平,基于职业教育的跨界特征,高职院校整体发展更需要得到政府、社会、行业企业和学生家长的认可。

三、行动举措：高职质量整体提升阶段的新任务

面对未来，《行动计划》将高职教育"服务中国制造 2025 的能力和服务经济社会发展的水平显著提升，促使高等教育结构优化成效更加明显，推动现代职业教育体系日臻完善"作为我国高职教育创新发展的主要目标，提出了 65 个工作任务和 22 个建设项目，为推动高职教育"十三五"期间的改革发展和提升整体质量明确了工作重点、明确了责任单位、明确了时间节点，既有感召力，又有可操作和可监测性，形成一系列亮点，使高职教育更具特色。

《行动计划》强调整体提升，将提高区域高职教育的均衡度作为扩大优质教育资源行动计划的重要落脚点，强化院校布局优势，提高服务区域发展能力；利用信息化提升，将"构建国家、省、学校三级数字教育资源共建共享体系"作为高职教育顺应"互联网＋"发展趋势的重要行动；在开放合作中提升，将持续推进与"一带一路"沿线国家的职业教育合作作为高职教育国际交流的重要任务；重视社会形象提升，将完善质量年报制度作为"完善质量保障制度"行动的重要举措；强化举办方责任，将建立诊断改进机制作为完善质量保障制度的重中之重。

全国职业教育工作会议对加快发展现代职业教育做出明确部署，《行动计划》则是指导和推进高等职业教育"十三五"开启新行程的路线图。"一分部署、九分落实"，三年行动仅仅是个开始。我们期待下一步的任务和项目能够有序、协调地推进，高等职业教育结构更加合理，服务发展的能力进一步增强，可持续发展的机制更加完善，高职教育发展质量得到整体提升。

（作者：马树超，中国职业技术教育学会副会长、上海市职业教育协会会长、上海高职教育发展研究中心主任）

以系统创新驱动内涵建设和质量提升

王世斌

面对经济发展方式转变、产业结构调整、人口结构变化等形势,在创新型国家建设、"两个一百年"奋斗目标和中华民族伟大复兴·中国梦的时代要求下,配合国家"一带一路"战略,重点服务中国制造2025,高等职业教育应该承担更大的责任和使命。但是近年来,高等职业教育在快速发展的同时也面临着诸多问题和困难。不久前出台的《高等职业教育创新发展行动计划(2015—2018年)》,直面教育结构和办学类型转变、学校章程和内部治理结构等高等职业教育深层次问题,确立了创新发展、科学发展、协调发展、共享发展的新理念,为高等职业教育制定了发展指南和工作路径,推动高等职业教育进入新的发展阶段。

一、政府的政策扶持、统筹协调和保障力度持续加大

行动计划明确提出,落实生均拨款政策,提高经费保障水平。要求生均拨款制度应当覆盖本地区所有独立设置的公办高等职业院校,学校学费收入必须优先保证基本教学支出,保障基本办学条件、提升内涵建设水平、支撑院校综合改革。行动计划同时提出2017年生均财政拨款水平不低于12000元的刚性要求,确保高职院校能开得起机器、用得起材料、走得出校门,实现可持续发展。

行动计划要求地方政府在安排职业教育专项经费、制定支持政策和购买社会服务时,需要将企业举办的公办性质高职院校与其他公办院校同等对待;探索社会力量以多种方式和要素参与高职院校改革,增强办学活力。行动计划支持地方和行业引导、扶持企业与高职院校

联合开展"现代学徒制"培养试点。行动计划加强了国家在区域职业教育发展的统筹、引导和协调作用,建立和定型东中西部合作机制,鼓励和支持东中部地区高职院校通过托管、集团化办学等形式,对口支援西部职业院校。行动计划提出职业教育要服务于国家外交战略,鼓励职业教育广泛参与国际合作,加强政策对话,发出职业教育的"中国声音",同时扩大与"一带一路"沿线国家的职业教育合作,扩大"中国影响",彰显职业教育的"中国特色"。

二、生源更加多元和合理,培养质量和社会声誉将进一步提高

职业教育的学历瓶颈影响了青少年学生选择和接受职业教育的积极性,制约了中高职毕业生的上升通道和职业选择,无法满足技术技能人才进一步成长的需求。在推动中国企业和技术产品走出去的过程中,与之相适应的具有国际视野、通晓国际规则的技术技能人才和中国企业海外生产经营所需要的本土人才培养也遇到了层次瓶颈。因此,招生制度改革无疑是职业教育综合改革的重要内容。

行动计划强调健全和规范"文化素质＋职业技能"的考试招生办法,学校在招生中采用多元综合评价形式,逐步实现不同层次职业教育的接续与贯通,为学生接受职业教育提供多种选择。此举有利于高素质技术技能型人才的选拔和培养,体现了职业教育的教育属性和外在需求。

行动计划力求遵循职业人才成长规律,健全职业教育接续培养制度。强化专科高等职业院校的主导作用,推动部分地方普通本科高校向应用型转型,推动产学结合培养专业学位研究生,研究设立专科高等职业教育学位,力图解决好高等职业教育的"入口""出口"和"跨界"等问题。行动计划还推进毕业证书与职业资格证书对接,搭建职业教

育、普通教育和继续教育融合发展平台,探索构建更加完善的现代职业教育体系。

行动计划落实了职业教育在提高国家文化软实力方面的责任。对于职业精神培养这一重要环节的道德教育,行动计划提出了以立德树人为根本,加强理想与信念教育、文化素质教育、心理健康教育、校园文化教育等,实现人文素质与职业素质的同步提升和协调发展的目标。行动计划强化和凸显了高职院校在传承和保护工业文化、民族文化和民族工艺方面的职责和地位,要求依托职业教育体系保护、传承和创新民族传统工艺与非物质文化遗产,培养各民族文艺人才,支持高等职业院校加强民族文化和民间技艺相关专业的建设和人才培养。

三、高职教育更加标准化和科学化,发展能力将得到更大提升

从高等职业教育发展的阶段性来看,今天的确遇到了挑战,而且无一不是职业教育综合改革必须面对和解决的问题。行动计划给出的解决方案是管理重心下移,值得注意的三大关键词是"治理""体系"和"标准"。具体指推进高等学校分类管理,系统构建专科、本科、专业学位研究生培养体系,制定高职院校建设标准、专业教学标准、教师资格标准、绩效评价标准等。

行动计划中一项基础性、全局性、引领性的工作是要完成高职院校章程的制定和修订工作。作为高等职业院校可持续发展的基石,章程的制定要求学校从遵循教育发展规律出发,在客观全面梳理学校历史的基础上,凝练学院文化;在国家和地区经济社会需求的背景和全球教育视野下,审视学校的现状和实际,规划和制定学校的愿景和目标;在充分调研和论证的基础上,明晰和界定学校内部各组织和成员的责任、权利和义务,建立适合本校发展的治理结构和体系。

人事制度改革是高职院校发展中的一个难点。行动计划要求根据教师岗位性质,推行分类管理、分类评价、按岗聘用、竞聘上岗,以此提高双师素质和改善双师结构,打造高水平教师队伍。为促进高职院校建立和完善内部质量保证体系,行动计划给出的抓手是完善高等职业教育质量年报制度和诊断改进机制,逐步形成政府宏观调控、院校自觉保证、社会广泛参与,教育内部保证与教育外部评价协调配合的现代职业教育质量保障机制。

大数据时代的到来要求构建与之相适应的教育治理体系。行动计划通过对高职院校人才培养工作状态数据采集与对管理平台收集的数据进行整理、分析和挖掘,了解和预测高职院校人才培养工作的现状及趋势,提升高职教育宏观管理能力,为各级教育管理部门和学校提供决策依据,有效满足政府、学校、社会公众的多样化信息需求。

通过行动计划的实施,相信将进一步树立"劳动光荣、技能宝贵、创造伟大"的社会氛围,进一步形成融人文素养、职业精神、职业技能为一体的育人文化,进而实现提升高等职业教育质量这一核心目标。

(作者:王世斌,天津大学教育学院党委书记)

将高职院校建成技术技能积累的资源集聚地

朱厚望

教育部颁布《高等职业教育创新发展行动计划(2015—2018 年)》,旨在提高职业教育人才培养质量,提升服务"中国制造 2025"的能力和服务经济社会发展的水平。《行动计划》对高职院校加强技术技能积累提供了强有力的政策支持,首次明确提出将高职院校打造成技术技能积累的重要资源集聚地,更加注重技术技能积累在服务产业发展中的重要作用。

一、推进专业对接产业，夯实高职院校技术技能积累的基础

把高职院校建成技术技能积累的资源集聚地，专业与产业对接是基础。一是要结合区域经济发展实际，对接"中国制造2025"十大重点发展产业，优化专业结构，明确高职院校办学定位，调整服务面向以及专业建设方向，实现专业体系的重构。二是要构建专业动态调整机制，紧跟产业发展趋势、行业产业发展要求，及时撤销与区域经济及产业对接不紧密专业，新增产业发展急需专业，确保专业与产业升级同步协调。三是要推进专业集群化发展，按照"专业基础相通、技术领域相近、职业岗位相关、教学资源共享"的原则，构建专业集群，并以品牌专业、特色专业、精品专业为引领，辐射带动群内其他专业发展，实现专业的集聚效应和产业链的全覆盖。专业结构优化调整之后，高职院校一方面要使教学内容对接职业岗位标准，为企业培养具有国际视野的高技术技能人才；另一方面，要坚持学历教育与培训并举，为行业企业在职员工提供多渠道、多形式的终身学习与培训服务。

二、深化校企合作，丰富高职院校技术技能积累的实践形式

校企合作共建技术积累创新联合体不仅能够将学校打造成资源集聚地，为技术技能积累提供创新驱动的平台，还将促进校企资源共享和服务企业发展。一是"多方共建应用技术协同创新中心"。针对校企合作缺乏桥梁问题，《行动计划》强调学校、行业、企业多方联动，支持高职院校与行业企业深度合作共同建立应用技术协同创新中心，学校应采取积极能动的行为去全力促成，推进技术技能积累创新。学校还

要站在服务产业发展的高度,专注并致力于技术技能的传承和应用,育人与技术服务并重,推动技术技能积累机制和制度的构建。二是"鼓励校企共建以现代学徒制培养为主的特色学院"。应用技术协同创新中心是多方的技术联盟,混合制二级学院则是多方产权混合,校企合作共建,从而使校企以更加紧密的实体合作方式促进技术技能积累。以混合制二级学院为现代学徒制试点的切入点,使我国民间师徒传授式技术技能积累模式与高等教育接轨,将技术技能积累模式纳入国民教育体系,如此奠定技术技能积累创新的发展基础。三是支持学校与企业合作建立技能大师工作室。当前高职院校缺乏技能大师,学校应在政策大力支持下,主动与企业高级专业技术人才、行业中有影响力的领军人物、公认的高水平能工巧匠合作,建立股份制大师工作室,发挥其在人才培养、技术技能传承、应用技术开发与推广等方面的关键作用。四是推进集团化办学。引导国有大中型企业、省级以上行业协会、科研机构、高等职业院校等,围绕区域经济和行业企业发展对人才的需求,牵头组建各类职业教育集团,发挥职业教育集团在促进技术技能积累中的重要作用,根据人员互聘、资源共享、风险共担的原则,探索建立基于产权制度和利益共享机制的集团治理结构与运行机制。

三、开展现代学徒制培养,创新高职院校技术技能人才培养模式

目前,我国高职院校现代学徒制人才培养尚处于探索阶段,《行动计划》为开展现代学徒制培养试点指明了方向。一是推动政行企校多方参与现代学徒制培养。地方政府探索实施现代学徒制的支持政策和保障措施,行业探索开发现代学徒制的各类标准,企业探索参与现代学徒制的有效途径、运作方式和支持措施,学校探索开展现代学徒制的人才培养模式和管理制度。二是发挥企业在校企协同育人中的

主体作用。现代学徒制的育人主体为学校和企业,责任主体也应转变成学校和企业,让企业承担育人的责任、风险和义务。三是高职院校采取单独考试办法从企业中招生。行动计划鼓励企业参与学校招生,赋予高职院校在现代学徒制人才培养中的单独招生自主权,并规定现代学徒制的招生对象可以是企业员工。四是技术兵种与高职院校联合定向培养直招士官。将定向培养直招士官纳入现代学徒制培养范畴,军地共同参与士官招生育人的全过程,促进军民融合、协同育人的深度发展。

四、加强应用科研能力建设,深化高职院校技术技能积累的内涵

行动计划把握我国经济发展变化和建设任务要求,贯彻"创新驱动"要义,提出"持续深化教育教学改革,大幅提升技术创新服务能力"以及"与人才培养和教师能力提升相结合开展应用技术研发",为深化技术技能积累内涵,实现职业教育与经济同步发展指明行动方向。这就要求高职院校在传播与实践现有应用技术的同时,加强应用科研能力建设,担负起技术创新的责任。要确定符合自身实际的科研定位,将自身智力资源与企业生产要素紧密结合,主动参与区域企业的技术研发和新产品开发甚至为企业提供技术创新规划、技术评价,将校企合作的范围从人才共育拓展到技术共研,真正使自身成为科技成果的辐射源,乃至成为企业产品开发和技术创新的依靠力量。

五、注重文化传承与创新,强化高职院校技术技能积累的底蕴

当前,我国正在由"制造大国"向"制造强国"迈进,不仅需要大批技

术过硬的工匠和技术工人,更需要工业精神的弘扬和工匠精神的培育。行动计划把"技艺传承创新"作为深化校企合作发展、建立技能大师工作室开展活动的核心内容,把"传承创新民族文化与工艺"作为促进文化传承创新与传播的重要内容。可以看出,技术技能积累不仅仅是工艺技术的传承,同时也是一种文化的传承和积累,有文化、有深度的技术才会更有生命力。高职院校作为高等教育的重要组成部分,应在文化传承创新这一基本职能的发挥中彰显"专注、执著、向善"的工业精神,注重与产业、行业、企业文化的深度融合与衔接,在"文化育人"的理念下培养面向生产、建设、服务和管理第一线,适应时代发展需要,具备精益求精、专心敬业工匠精神的高素质技术技能型人才。高职院校要把"推进技术技能积累"和"发挥文化育人作用"有机融合在一起,在文化传承创新中提高育人水平,在文化育人实践中切实推动技术技能积累。

（作者：朱厚望，湖南省长沙航空职业技术学院院长）

创新发展重建设 行动方案抓落实

李 进

教育部日前出台《高等职业教育创新发展行动计划(2015—2018年)》,推动高职教育与经济社会同步发展,提高教育质量和治理水平,增强引领作用。对于《行动计划》,我们可以从建设高度、核心要素、实施节点三个方面深入理解和贯彻实施。

一、高职教育创新发展的建设高度

高职教育的创新发展,是提升现代职教体系建设水平,落实职教战略地位,提高人才培养质量的重要举措。《行动计划》充分体现了遵循职业教育规律、深入实施综合改革、全面服务国家战略的建设高度。

首先,从《行动计划》的目标看,有四个重要指向,体系结构更加合理、服务发展能力进一步增强、可持续发展机制更加完善、教育发展质量持续提升。通过未来几年建设,在国内教育舞台上,高职教育在现代职业教育体系中的引领地位将更加凸显,整体实力显著增强,院校治理能力明显改善,产教融合成效更加明显,国家标准体系更加完善,技术技能积累机制初步形成,服务经济社会发展能力显著提升。在国际教育舞台上,国际先进水平的机制将基本形成,对周边国家经济社会的影响持续扩大,国际话语权不断增强。

其次,从《行动计划》的任务看,五项任务既有中国特色,又具国际视野,其中有许多提法值得特别关注,比如:在"扩大教育优质资源"任务中提到,要构建顺应"互联网+"发展趋势的国家、省、学校三级数字教育资源共建共享体系;在"增强院校办学活力"任务中提到,鼓励企业和公办高等职业院校合作举办适用公办学校政策、具有混合所有制特征的二级学院;在"加强技术技能积累"任务中提出,将高职院校建设成为区域内技术技能积累的重要资源集聚地,培养具有国际视野、通晓国际规则的技术技能人才和中国企业海外生产经营需要的本土人才;在"完善质量保障机制"的任务中提到,以高职院校人才培养工作状态数据为基础,开展教学诊断和改进工作;在"提升思想政治教育质量"的任务中提到,创新网络思想政治教育方式方法等。

再其次,从《行动计划》的保障措施看,既充分体现了国家意志、制度保障和社会责任,又充分体现了现代职业教育的治理理念和治理举措;既强调制定国家层面的政策、制度和标准,并逐级落实责任,又强调将制度的建设与落实内化为责任主体的主动思维方式和行为准则,体现出治理现代化的较高境界。

二、高职教育创新发展的核心要素

目标和任务明确后,高职教育创新发展取得成效的关键在于组织实施。《行动计划》提出了"四个结合"的基本原则,即政府推动与引导社会力量参与相结合,顶层设计与支持地方先行先试相结合,扶优扶强与提升整体保障水平相结合,教学改革与提升院校治理能力相结合,涵盖了高职教育创新发展的五个基本要素——教育定位、培养模式、教学条件、治理水平、政策环境,核心是协同创新和机制突破。

一要明确创新发展的目标。高职教育创新发展行动计划的总目标是建设现代职业教育体系和整体提升职业教育办学水平,形成职业教育服务地方经济的合理版图,与技术进步、生产方式变革以及社会公共服务相适应,与现代产业发展新体系有机融合并协同发展,主动面向区域支柱产业、重点产业和特色产业培养技术技能人才。

二要明确创新发展的内涵。要在行动计划的实践中,形成先进的职业教育理念,积累改革创新的经验。职业教育是教育的一种类型,高职教育作为高层次的职业教育,必须以提高质量为核心,深化专业内涵、课程体系、教学模式改革,开展与人才培养和教师能力提升相结合的应用技术研发,注重校企合作、工学结合的育人机制创新,完善现代职业学校制度,提升高职院校治理能力。

三要明确创新发展的路径。校企合作、工学结合是职业教育的根本特征,也是职业教育创新发展的根本路径。高职教育创新发展要列入区域经济社会的整体发展规划中,融入区域经济社会改革发展的整体步骤中,教育与社会各界形成推进创新发展的共同主体。政府依法统筹发展,院校依法自主办学,社会力量主动参与。同时,坚持高职示范引领的发展路径,形成部分普通本科高等学校转型发展、优势专科高等职业院校创新发展、职业院校骨干专业特色发展、中高职和中本贯通试点发展的格局,推进职业教育整体办学水平的提升。

四要明确创新发展的本质。教育的本质是促进人的可持续发展,高职教育创新发展也要落实到人,人才培养规模和层次要与经济社会发展更加匹配,满足人民群众接受高质量、高层次职业教育的需求。高职教育要以立德树人为根本,加强以职业道德培养和职业素质养成为核心的德育工作,形成融人文素养、职业精神、职业技能为一体的育人文化,实现这一类型人才的全面发展。

三、高职教育创新发展的实施节点

如何将建设现代职业教育体系的战略意图转换为具有中国特色的高职教育创新发展模式,转换为高职院校的教育教学实践,还需要教育行政部门、社会各界以及第一线的教育管理者及教师去实践探索,《行动计划》是指导和推进高职教育下一阶段创新发展的路线图。

首先,要加强战略定力。《行动计划》是一个完整的阶段工作,蕴含着国家战略、区域战略、集团战略、企业战略、学校战略等,并以共同的战略目标作为统领。在落实过程中,追求战略目标的坚定、实施战略任务的坚决和选择战略路径的坚持必须始终如一。

其次,要加强治理能力。《行动计划》列出了高职教育创新发展行动计划的具体工作任务与实施项目细化一览表,共 65 项工作任务与22 个实施项目,从工作任务、负责单位及协调配合部门、时间进度三个维度进行了分解落实。这一行动方式,以目标引领和精神感召协调各方力量,汇聚多元主体进行顶层设计,明确任务,先行先试,调动各方积极性逐项落实到位,形成高职教育创新发展的新格局,体现出高职教育治理的现代化。

再次,要加强协同合力。《行动计划》依靠指导思想的价值目标和

《行动计划》的成效目标,展现出职业教育不可替代的历史作用和高职教育示范引领的拉动作用,必将唤起全社会对职业教育的热情和对高职教育创新发展的期盼,进而形成强烈的历史使命感和社会责任感,进一步解放思想、协同创新,突破部门利益分割的体制性障碍和机制性短缺,形成发展动力,共同完成高职教育创新发展的建设任务。

（作者：李进,上海杉达学院校长、上海师范大学原校长）

将职业精神养成融入人才培养全过程

董　刚

未来需要的技术技能人才,已不仅是"实践型、操作型"的技能型人才,而是更偏重具有良好职业精神和道德素养、具有可持续发展能力的高素质人才。因此,不久前教育部发布的《高等职业教育创新发展行动计划(2015—2018 年)》中专门强调,要将"职业技能和职业精神相融合"放在更加重要的位置,提出要"充分发挥校园文化对职业精神养成的独特作用,推进优秀产业文化进教育、企业文化进校园、职业文化进课堂,将生态环保、绿色节能、循环经济等理念融入教育过程"。只有通过不断深化产教融合、校企合作力度,积极构建基础知识、专业技能、职业素质、职业精神全面均衡的课程培养模式,将职业精神融入人才培养全过程,才能真正落实行动计划的要求。

一、要将职业精神元素融入人才培养方案

高职院校要改变当前高职教育课程的工具性倾向,将职业精神元素融入专业课程中,关注人的价值存在,实现知识技能的工具性和精神性相统一。要加强文化素质教育,坚持知识学习、技能培养与品德修

养相统一,将人文素养和职业素质教育纳入人才培养方案。加强专业课与文化艺术类课程的融合,综合考虑知识与技能、过程与方法、情感态度与价值观来确定课程目标,在每个环节融入职业精神元素的培育。要保障"基础课程学时不少于总学时的 1/4"的要求,拓宽专业课平台,同时搭建类型和形式多样的满足学生发展的公共选修课平台,注重在各类课程平台融入职业精神元素,既满足学生个性化需求,又为学生职业生涯发展奠定基础。

要发挥思想政治教育课和就业指导等课程在职业精神培育的主渠道和主阵地作用。针对高职院校的特点和高职学生的认知行为特点,明确职业精神培养目标,改革和完善职业精神教学内容,创新职业精神培育的途径和方式,探讨有效的考试考核方式。通过教学和引导,使学生了解职业精神的基本要素,职业精神核心修炼的内容,明确职业精神的特质,提高对职业理想、职业道德、职业责任的认识,从而在主动学习职业技能的同时,深刻理解职业精神的重要意义。

二、要在师资队伍建设中强调企业经历的纳入

职业精神的培育师资是关键。要培养高职人才的职业精神,应建立起一支具有丰富企业经历、能够彰显企业元素的师资队伍,并在教学实践中融入职业精神的内涵要素,营造逼真的职场环境,在学训过程中不断地积淀和熏陶。要建立高职教师轮训制度,完善专业教师定期到企事业单位实践制度,并推动学校与企业共同培训教师。加强以专业技术人员和高技能人才为主,主要承担专业课程教学和实践教学任务的兼职教师队伍建设,完善行业企业人才到学校担任专兼职教师的相关政策,将企事业单位兼职教师任教情况作为个人业绩考核的重要内容。

三、要将"教学做一体"理念落实到教学模式设计与应用中

首先,以岗位职业能力分析为基础,归纳出岗位职业活动中职业精神的构成要素,作为人才培养模式创新、专业建设和课程体系改革的重要依据。其次,贯穿专业教学,建立教育、教学融为一体的职业精神培养体系,将职业精神养成落实到校企共同设计、共同实施、共同评价的专业人才培养方案中。在课程教学、项目实训中精心设计培养内容,尤其是职业精神的全程渗透、技术要素的有机融合。同时,还要把隐性教育嵌入学习过程,通过"第二课堂"形式的职业活动来促进学生职业精神的培养。

四、要将强化生产性实训体现在校内实训中

校内生产性实训是深度的实践教学,可帮助学生将实践操作和理论知识有机结合在一起。在校内实训教学中,学生感受的是贴近职业岗位的教学环境,使用的是与生产一线相接轨的实训设备,这种身临其境的氛围,会对学生人生观、职业观的形成产生直接影响,并促进职业素养全面提高。校内生产性实训中企业技术的融入以及企业化管理,会使学生在团队合作中学到更多的专业知识、实践技能,并在有限的时间内最大化地促进职业精神要素的养成。

五、要将企业制度文化应用到顶岗实习中

通过校外顶岗实习,使学生在顶岗中了解工作的特点与规律,学会遵守相关的职业规范,懂得如何提高工作效率,从而真正实现校企

对接,在实践中使学生的职业道德与职业素养得到有效培养。要严格按照顶岗实习企业的相关规范进行管理,严格实行考勤和员工管理制度,使学生在实习过程中养成遵守劳动纪律的习惯。要对学生的顶岗实习采取阶段性评价与终结性评价相结合的方式,全面把握学生是否遵守纪律、是否有团队精神、是否有创新举措等情况,把职业规范内化为职业精神的养成。通过体验岗位的真实性、复杂性,经历真实的岗位、真实的身份、真实的环境,获得真实的感受,让学生在顶岗实习中领悟出职业精神在职业活动中的真谛。

六、要将行业和企业文化融合在学校和专业文化营造中

营造体现行业和企业元素的学校和专业文化,有助于高职院校学生职业理想与职业归属感的培养。高职院校要将职业文化建设中隐性资源(精神层面的氛围)和显性资源(物质层面的设施)进行有效结合,提升校内职业文化对职业精神养成的影响力。开展形式多样的主题文化活动,如通过专题报告、简报板报、创新创业大赛、文化艺术节、广播电视、网络多媒体等多种形式,营造良好的职业精神教育氛围。充分发挥学生社团的主阵地作用,积极创建各种学习型、创新型社团。通过多种社会实践提高学生的职业意识与素养。社会实践以其丰富的内容、多样的形式和宽阔的渠道,吸引了众多学生参与,成为培养高职学生职业精神的重要途径之一。提倡以实践活动为载体,让学生在实践中学会交往、学会包容、学会竞争和合作,增强其社会责任感和使命感,增强自强、自立意识,培养职业精神。

高职教育作为较高层次的职业教育,其专业设置的基本依据是职业岗位或岗位群对人才的需求,这种职业指向决定了高职教育必须坚持"职业精神养成与职业技能培养兼顾"的理念,也就是让受教育者既要具有所从事职业的技术应用能力,还要具有所从事职业特

有的职业精神,从而为毕业生实现就业和就业后的可持续发展提供有力保障。

(作者:董刚,全国高职高专校长联席会议主席、天津职业大学原校长)

新常态下高职院校创新发展的着力点

李洪渠

《高等职业教育创新发展行动计划(2015—2018年)》是高职战线贯彻落实2014年全国职业教育工作会议精神,面向"十三五"改革发展的时间表和路线图,必须精准领会其要旨,明确新常态下高职院校创新发展的着力点。

一、创新发展是新常态下高职教育的必然选择

时代呼唤高职教育创新发展。随着知识经济的发展,创新越来越成为经济发展的核心驱动力和世界各国发展战略的必然选择。今年3月,中共中央国务院《关于深化体制机制改革加快实施创新驱动发展战略的若干意见》发布,创新驱动发展成为新时期实现中华民族伟大复兴的战略抉择。在我国经济进入新常态的背景下,与经济社会联系最直接、最密切的职业教育,必须主动认识和适应经济发展新常态,通过创新将办学要素重新组合,转变发展方式、增强办学活力,不断提高在促进经济提质增效升级中的人力资源保障水平。高职教育是以高层次技术技能人才服务国家经济转型升级的主阵地,是实现职业教育现代化的重点领域和关键环节,必须更加自觉地担当起引领职业教育发展、进一步提高服务以中国制造2025为代表的国家战略的能力。

问题倒逼高职教育创新发展。在经历了近 20 年以追求快速和规模扩张为主的粗放式发展之后，我国高职教育的发展模式一定程度上面临着难以为继的尴尬。这些问题集中表现为：生源市场逐年萎缩，部分省市、少数院校出现"生源荒"；不少高职院校办学理念相对封闭、滞后，管理水平较低；人才培养模式僵化、单一，学生综合素质不高、可持续发展能力不强等等。改变这一现状，因循守旧没有出路。以创新推动高职教育发展，从根本上说，是全面提升人才培养质量，为广大青年打开通向成才成功的大门，升级职业教育价值创造功能的迫切要求。

二、创新发展的"引线"是质量，导向是服务能力

习近平总书记在对职业教育工作的重要批示中强调，要"着力提高人才培养质量"。刘延东副总理指出，坚持以质量为核心的内涵式发展，是职业院校的立校之本。行动计划坚持问题导向，针对高职教育的"病灶"开方，将提高质量放在了突出位置。通观《行动计划》全文，"提升人才培养质量""以提高质量为核心""质量持续提高"成为贯穿始终的鲜明的主线，"质量"一词毫无疑问地成为出现频度最高的关键词之一。从这个意义上几乎可以说，《行动计划》不仅是行动路线图，更是质量宣言书。这对于指引高职院校的人才培养瞄准产业链和价值链的中高端，将资源配置和工作重心转移到内涵建设上，无疑将起到及时、强大的导向作用。

贯彻落实《行动计划》设定的各项任务，高职院校必须把提高质量作为首要和核心任务，坚定不移地推进内涵式发展，实现自身由内而外的全面升级，实现从"做大"到"做精"的华丽转身，全面提升为服务中国制造 2025 等重大战略提供技术技能人才支撑的能力，不断提升服务经济社会发展的水平。

三、高职院校立足区域发展，结合实际抓落实

《行动计划》犹如一幅高清"全景图"，清晰地界定了国家、社会、行业组织和高职院校在协同推动高职教育创新发展中的任务。那么，高职院校如何立足区域发展、结合自身实际抓好落实呢？这就提出了新常态下高职院校创新发展的着力点问题。

着力点一：创新办学发展理念，提升社会贡献力。《行动计划》将"服务发展的能力进一步增强"作为主要目标之一，明确提出优质专科高职院校要"提升学校对产业发展的贡献度"，将"社会贡献"和政府规划、办学质量一起，作为激励和促进民办高职教育发展的依据。《行动计划》对"贡献"的关切，理应引起高职院校足够重视并加以深入解读。

着力点二：创新人才培养模式，落实全面质量观。《行动计划》对质量的关注无以复加，这一顶层设计在高职院校人才培养过程中的"落地"，首先需要的仍然是观念的突破。人才培养质量无疑是衡量办学水平最重要的标准，高职院校必须贯彻全面质量观，使受教育者在知识、能力和素质各方面都有必须的增量，不带着明显的缺项进入社会。高职院校的人才培养在突出"职"的特色的同时，应更加注重对"高"的追求，凝练形成融人文素养、职业精神、职业技能为一体的育人文化。职业教育是面向人人的教育，落实全面质量观，还应面向全体学生、帮助每个学生在自身基础上获得全面发展。

着力点三：创新合作发展机制，推进校企一体化。产教融合是职业教育成功的基石，离开这一基础平台，职业人才的成长就只能是缘木求鱼。《行动计划》从优化政策环境、创新实现形式等方面对推进校企合作制度化、促进产教融合发展设计了明确而具体的路径、任务。如研制职业教育校企合作促进办法、推动职业教育集团化发展、探索混合所有制办学、开展现代学徒制培养等。

着力点四：创新师资建设途径，促进教师"双师"化。《行动计划》从"加强教师队伍建设"和"改进教师管理"两个方面明确了今后三年高职院校师资队伍建设的路径及要求。对高职院校来说，既有可喜的机遇，也面临刚性的指标要求和现实挑战。机遇在于获得了源头参与和自主管理的机会，挑战则在于兼职教师的建设管理。囿于人事管理权限等，兼职教师队伍的管理堪称高职院校的隐痛：少不了、难管好。这急切呼唤高职院校先行先试、大胆探索，也寄望于校企合作促进政策尽快出台。

着力点五：创新教育教学手段，积极拥抱信息化。信息化的巨浪正以前所未有的广度和深度迅猛而深刻地改变着世界。高职院校唯有主动张开双臂紧拥信息化，抓紧抓好利用现代信息技术改造传统教学、提升教师队伍信息技术应用能力和学校信息化管理水平等，获得与时代共舞的资格，赢得后发先至的机会。

（作者：李洪渠，武汉职业技术学院院长）

找准技术技能人才培养改革的关键路径

崔　岩

《高等职业教育创新发展行动计划（2015—2018年）》为我国高等职业教育事业的近期发展描绘了路线图和时间表，这也是推动我国高职教育事业健康和可持续发展的责任书、军令状。

高职院校的最终"产品"体现在学生身上，学生就业成长的竞争力体现了高职教育的竞争力。如何在推进高职院校创新发展进程中，提高人才培养质量和毕业生就业竞争力，《行动计划》指明了技术技能人才培养改革的关键路径。

提高技术技能人才培养改革保障水平。高职院校技术技能人才培养改革需要耗费大量的改革成本,要有完善的经费投入机制。《行动计划》在"完善质量保障机制"内容中明确提出,要"提高经费保障水平""政府应建立完善以改革和绩效为导向的专科高等职业院校生均拨款制度",该制度应"覆盖本地区所有独立设置的公办高等职业院校",到2017 年,"本省专科高等职业院校年生均财政拨款平均水平不低于12000 元"。这就要求地方政府及行业主管部门加大经费统筹力度,依法制定并落实高职院校生均经费拨款制度,加大财政投入力度,提高资金使用效率。

此外,还应加快高职院校用人机制改革,扩大高职院校在人事管理、教师评聘等方面的自主权;高职院校依法制定大学章程,完善治理结构,提升治理能力;建立学校、行业、企业和社区等各方共同参与的学校理事会,依法管理学校,独立运营学校,减少行政干预;建立企业技术人员与高职院校教师相互兼职制度,优化师资队伍;加快高等职业院校用人机制改革;扩大高职院校在人事管理、教师评聘等方面的自主权。

建立和创新系统化的技术技能人才培养体系。要以市场需求为导向,明确高职教育定位,把培养生产服务一线的数以亿计的工程师、高级技工和高素质劳动者等技术技能人才作为目标,把服务于我国工业化、信息化和现代化的技术技能积累作为使命。

大力开展集团化办学、现代学徒制培养,探索混合所有制办学,构建中职、专科、本科到研究生各个层次的立交桥式的技术技能人才培养体系。

制定和完善高职技术技能人才培养标准。积极鼓励企业管理者参与到高职院校技术技能人才培养的制定过程和实施控制过程,提高高职院校毕业生就业质量,提升就业满意度,增强就业结构和产业结构的匹配度。

推动企业参与人才培养全过程以提高培养质量。深化产教融合、校企合作、工学结合，将技术技能人才培养标准贯穿于教学、实训、实习和实践全过程。促进项目教学、案例教学、任务导向等教学模式成熟，加大实习实训在教学中的比重。通过授权、委托等购买服务的形式，明确企业参与高职教育的责任，推动企业参与人才培养全过程。促进毕业生的职业技能培养与职业精神养成相融合，坚持以育人为目标的绩效考核评价体系。完善以能力为核心的职业资格证书考核制度，弱化学历证书的社会效应。建立企业和高职院校联合招生、联合培养的学徒制培养机制，促进校企一体化建设。

建立健全人才培养衔接体系，深入调研区域经济发展、产业结构调整升级、技术进步等企业和社会需求，联合就业需求单位开发专业教学标准和职业技术技能标准。强调专业设置与产业需求相衔接，课程内容与职业标准相衔接，教学过程与生产过程相衔接，职业教育与终身学习相衔接，同时贯通中职和高职教育以及本科职业教育等在培养目标、专业设置、课程体系、教学过程和内容等方面的衔接。"推进优秀产业文化进教育、企业文化进校园、职业文化进课堂"，科学提升人文素质，加强职业道德、人文素养教育，将人的全面发展理念贯穿于终身教育中。

《行动计划》的实施是一项复杂的系统工程，不仅要考虑解决显性的现实问题，更要积极探索解决制约高职教育改革和发展的隐性的、深层次的体制机制问题，因此要妥善处理和把握好各种关系。首先是数量与质量的关系。一方面，《行动计划》提出了明确的发展目标和任务，有明确的数量要求；另一方面，也突出强调了高职教育创新发展要"以立德树人为根本""提升人才培养质量"，因此，在实施过程中，应以科学发展观为指导，将发展速度与发展质量、发展规模与内涵效益、硬件与软件相统一，做到统筹兼顾、积极稳妥、有序推进，有效提升高职教育教学质量。其次是创新与传承的关系。《行动计划》是在继承以前示范性高职院校建设、专业服务产业发展能力项目等高职教育改革经验的基础上进行的,是在继承我国高职教育十余年来积累的实践经验基础上展开的,里面有很多创新的部分。在创新发展高职教育进程中,要处理好解放思想和实事求是的关系、整体推进和重点突破的关系、顶层设计和摸着石头过河的关系,在高职教育的改革攻坚期,深入开展战略思考,把改革创新精神贯彻到各个环节,全面深化高职教育教学改革。再次是短期与长期的关系。行动计划虽然定期为2015年至2018年,但其着眼点却是推进高职教育可持续发展。所以,在实施过程中,应避免"大跃进""一阵风"的做法。同时,对于高职院校的主管部门,特别是政府,发展高职教育的责任也不宜狭窄化或局限在财政投入上,不能简单地将发展高职教育等同于由政府投钱创建一批专业、一批基地,或出台几个文件、制度,从而忽视了高职教育发展的体制机制创新。因此,实施行动计划既应立足现实,应对亟待解决的现实问题,也应放眼长远,积极探索和创新促进高职教育发展的体制机制、政策制度、内涵提升等深层次问题,在实施过程中有效推进高职教育综合改革。

（作者:崔岩,陕西工业职业技术学院党委书记）

以制度建设优化高职教育发展环境

张慧波

教育部日前出台了《高等职业教育创新发展行动计划(2015—2018年)》,该行动计划目标明确、举措有力、保障到位,是我国未来三年高职教育改革发展的路线图和行动方案。通观整个行动计划,制度建设是高职教育创新发展的基本路径和关键所在。通过具体的制度建设理顺高职教育各主体之间的责、权、利关系,充分调动高职院校、行业企业的积极性和主动性,是提升人才培养质量和办学效益的基础。

117

一、以规范性制度推动高职教育有序运行

制度对人的行为具有规范和约束作用,是建立秩序的前提和基础。行动计划提出了一系列规范性制度建设,包括以下几个方面:

一是职教办学标准。行动计划提出推进现代职业教育的国家标准建设,由教育部协调相关部门牵头制定有关国家标准的规范性文件,推进实施职业教育国家标准体系,包括学校建设标准、专业教学标准、实验实训装备技术标准、数字校园建设标准、学校体育工作标准、教师资格标准、"双师型"教师标准、教师绩效评价标准、辅导员职业能力标准等。明确和完善这些制度性标准,将为高职院校的可持续发展提供方向和目标。

二是办学管理规章。为了落实《高等学校章程制定暂行办法》,规范高职院校办学运行机制和治理结构,行动计划还为高职教育教学活动的有序有效开展设计了一整套的制度构架,除了"职业教育条例""职业教育校企合作促进办法""高等职业院校专业设置管理办法""高等职业院校教师专业技术职务(职称)评聘办法""示范性职业教育集团建设方案与管理办法"等已确定名称的规章制度之外,还要加强职业教育质量年报、教师人事管理、职业教育接续培养、职业教育学位、激励导向的收入分配与表彰奖励等制度建设,涉及办学的方方面面。

三是经费保障制度。办学经费是高职院校正常运行的基本保障,行动计划提出各地构建的高职院校生均拨款制度要以促进改革和提高绩效为导向,做到生均拨款制度覆盖所有公办高职院校,保证学校正常运转,保障基本教学条件,提升内涵建设水平,支撑院校综合改革。而举办高职院校的有关部门和单位,参照院校所在地公办高职院校的生均拨款标准,制定落实所属高职院校生均拨款制度。

同时建立多渠道筹资机制,学费收入则必须优先用于保证学校基本教学方面。

二、以激励性制度保障高职教育有效实施

制度能在何种程度上发挥实效,关键在于激励效应如何。行动计划专门推出了相关的激励性制度。

一是质量年报制度。完善和巩固学校、省和国家三个层面的年度报告制度,行动计划要求做好以下几个方面的工作:一是要求专科高职院校和省级教育行政部门每年发布质量报告,并支持第三方撰写发布国家高职教育质量年度报告;二是强化对报告发布情况和撰写质量的监督管理,提高量化程度、可比性和可读性;三是依托高职院校人才培养工作状态数据,逐步使其在质量报告中发挥基础性的作用。质量报告和评估结果,将作为政府对公办高职院校行政决策及民办高职院校实行"以奖代补"、购买服务的重要依据。

二是诊断改进制度。教育部牵头研究制定高职院校人才培养工作诊断和改进的制度方案,以人才培养工作状态数据为基础,由省级教育行政部门统筹实施,并针对处于不同发展阶段的高职院校的特点,确定诊改工作的重点和进度。也可以依托行业,制定相关专业的具体诊改方案,开展专业层面的人才培养工作诊改试点,通过结果评价、结论排名、建议反馈的形式,倒逼离职院校专业改革与建设。

三、让制度红利在高职教育领域不断凸显

高职教育的创新发展是通过制度的不断创新、供给和变迁来挖掘增长潜力的过程,可以说是制度红利的职教版,因此,制度建设才是高职教育创新发展最主要的路径。那么,怎样才能让制度红利在高职教

育领域中不断凸显呢？应该确立三个方面的理念：

一是路径依赖与变革创新相结合。一项好的制度，既不能恋恋不忘原有的规则，变得故步自封、裹足不前，也不可完全脱离过去的路径，一味求新求异而面目全非。历史不能抛弃，现在的制度肯定有赖于过去的制度，要"摸着石头过河"，否则很可能会因受到硬性或软性的抵触而难以产生实效。另一方面，推出新的制度就是一种对过去的割裂，只有创新才有生命力，才能推动各项工作不断前行。行动计划中各项具体制度的出台，要注意把握新旧制度变迁的"度"，注重制度的延续性和创新性的有机结合。

二是制度的制定要遵循民主之路。某项制度的产生和发展，通常是社会成员或利益相关方相互博弈的结果。仅凭少数人或少数群体的主观臆断，难以形成行之有效的规章制度。如果一项制度是大多数人选择的结果，必然会由于其认同的广泛性而得以自我强化，从而更加具有认可度和执行力。因此，在制定行动计划的各项制度的过程中，要引导各级政府、行业企业、相关院校乃至广大师生、社会民众积极参与，广泛听取各方意见和建议。

三是制度的执行比制定更为重要。一项制度的出台或许不易，但制度的执行可能比制定更为艰辛。制度的执行既需要机构、人员、经费、机制等一系列保障，更需要制度文化的长期建设，让遵守制度成为一种习惯。而当前建立一整套行之有效的考核与奖惩机制，对制度的执行尤为关键。为此，行动计划明确教育部协调相关部门牵头制定国家层面的政策、制度和标准，省级政府是实施行动计划的责任主体，各相关部门要统筹规划、落实任务。同时，通过强化管理、营造良好环境，并附列"高等职业教育创新发展行动计划任务、项目一览表"，保证行动计划的有序推进。

（作者：张慧波，宁波职业技术学院院长）

高职院校质量保证主体责任须落实

袁洪志

《高等职业教育创新发展行动计划(2015—2018 年)》对创新发展高职教育提出了明确的路线图和责任清单,其中关注最多的是高职教育质量问题("质量"一词共出现 40 次)。建立相关制度,帮助高职院校建立和完善内部质量保证体系成为教育主管部门的重要责任。

一、适应管办评分离,建立高职教育质量保证新体系

随着教育领域的开放性逐步增强,第三方评估的需求日益凸显,管办评分离成为必然。正确处理管办评关系的实质就是要正确了解政府、学校和社会在教育活动中的关系格局,形成教育决策、执行和监督三者相互区别、相互协调并且相互制约的良性互动机制。

"管",政府依法履职,提高教育督导实效。把教育评估从政府管理职能当中分离出去,并不是说政府不再有评估教育的需求,而是"管""评"两者由行政附属关系走向具备法律效力的契约关系,政府的职能由"评估评价"向"教育督导"转变。新体系下,政府发挥教育督导职能主要通过三个途径:一是成立各级各类的教育督导队伍实施督导和评估监测,其结果向社会发布,限期复查,依法奖惩。二是引入市场机制,将委托专业机构和社会组织开展教育评价纳入政府购买服务范围之列。三是建立学校、省和国家三级高职质量年度报告制度。

"办",学校完善内部治理结构,实现教育质量自主保证。院校只有建立较为完善的治理结构,才能实现教育质量自主保证。完善的院校治理结构必须包含以下三个要件:一是符合学校要求,具有前瞻性、规

范性和可控性的学校章程;二是具有决策力、执行力的高效决策层;三是社会群体广泛参与的非官方机构,如校级学术委员会、专业指导委员会、有办学相关方代表参加的理事会,听取多方意见,形成常态化的自我诊断与改进机制。

"评",社会广泛参与,丰富教育评价内容。社会广泛参与教育评价有三种途径:一是作为教育活动的利益相关者,如学生、学生家长、用人单位以及与学校相关的行业协会、专业学会、基金会等社会组织,参与学校组建的各种理事会、委员会等非行政机构,直接影响学校人才培养目标制订、课程标准修订和专业设置等具体教育活动。二是具有教育评价资质的专业机构和社会组织接受政府或学校委托,对学校教育开展评价。三是新闻媒体等以排行榜形式对学校教育进行评价。目前此种评价方式还主要集中在国内一流大学上,但不久的将来,必然会有高职院校排行榜,通过学校声誉来影响学校资源的获取。

二、建立诊改制度,发挥高职院校质量保证主体的作用

建立高职院校教学工作诊改制度,一方面是配合实施"管评办分离"和教育行政部门转变职能的现实需要,另一方面更是高等职业教育主动适应经济发展新常态,自主保证质量,提升核心竞争力的需要。

高职院校诊改制度具有自主性、常态化、实时性、动态性、引导性等特征。诊改的主体是质量的直接创造者,包括管理方、举办方、实施方与成才方;制度的根本出发点,是构建质量保证社会共治机制,使高职人才培养质量保证走向制度化、常态化的轨道;开展诊改的主要依据是来自源头的实时数据与信息,同时吸收其他各方的诊断意见与知识成果,标准是开放的、动态的,没有起讫时间限制,注重的是过程。

高职院校开展教学诊改工作,主要任务是充分发挥学校质量保证主体的作用,落实主体责任,以创新完善学校内部质量保证体系为抓

手，切实提高人才培养质量。一要以满足经济社会发展需求和学生个人发展需求为导向，确立符合学校自身实际的办学定位与质量目标。二要把质量提升作为师生员工的共同追求，通过多种途径，激发各主体单位追求质量提升的积极性与创造性，形成"全员、全程、全方位"保证的质量文化，使质量保证成为各主体单位的自觉行动。三要构建完备的专业、课程、教师发展、学生发展和后勤服务等质量标准，并制定相应的质量保证制度和运行机制，通过多元诊断的方式，及时发现质量保证体系运行中的问题，促进学生、教师、管理者的成长发展。四要重视改进，横向部门之间和纵向层次之间形成质量环，建立常态化周期性的教学工作诊改制度，提高诊改工作的有效性，使质量保证体系运行不断取得实实在在的效果。

三、开展教学诊改，高职院校要明确四项工作重点

一要加强质量保证机构和队伍建设。学校要建立一支承担运行、监控、改进等任务，人员配备齐全的专兼职质量保证队伍，加强业务培训与考核，把握质量保证目标，掌握各类质量标准，开展各项质量评价，提出质量保证的改进举措。

二要完善质量保证标准和制度体系。学校和院系要依据区域或行业要求，形成完整、规范的质量标准体系，建立包含了人才培养全过程的开放多元的质量保证制度，定期开展人才培养质量的自我诊断，推动质量保证工作持续改进并形成良性循环。

三要加强质量保证的规划落实与资源统筹。依据学校质量保证体系建设规划，制订诊改工作方案与实施细则，以落实改进为重点，统筹经费投入，提供资源条件保障，优先保证高水平人才培养要求的教学条件、资源建设及其综合改革的需要。

四要建立质量保证信息发布与监控系统。学校根据自身特点，完

善数据平台在内部管理运行中的状态分析和监控功能,使之不仅能进行日常管理和教学质量监控,还能满足查找问题与薄弱环节的需要,推动工作持续改进,确保人才培养质量不偏离设定的质量目标。

（作者：袁洪志，常州工程职业技术学院党委书记）

产业升级需要高职教育的创新发展

俞仲文

如果说国务院《关于加快发展现代职业教育的决定》是新时代我国职教改革发展的动员令和设计总图,那么《高等职业教育创新发展行动计划(2015—2018年)》则是贯彻落实国务院决定的具体工作部署和施工总图。这是横跨三年的第一仗,具有重大的现实意义。

行动计划部署了65项任务和22个具体项目。这些任务和项目,传递了一个强烈而清晰的信号,那就是伴随着产业的升级,我国的高职教育要全面打造创新发展的升级版,实现华丽转身。这种华丽转身具体体现在八个方面:

在发展目标上实现华丽转身。行动代划指出,要发展与技术进步相适应的高职教育,这种将高职教育目标与当今技术水平不断提高、技术不断进步的大背景紧密结合起来的表述是前所未有的,预示着要加大技术教育的比重,不仅要使学生适应今天的岗位、工种或职业所包含的技术要求,而且还要让他们适应未来技术发展的趋势,用明天的技术来武装今天的劳动者,使得这些90后的年轻人能够满足我国新型工业化、信息化、城镇化和农业现代化的"新四化"要求。当前高职院校专业建设与上述目标相比差距还很大,专业教学大体上还停留在低水平重复、简单化操作、浅内涵发展的阶段。伴随着中国制造要从合格制造向精品制造、优质制造的转变,中国的高职教育也必须完成从粗放、低端向精品、优质的转变,这是实现高职教育转型升级、整体水平提高的重要指标。

在培养规格上实现华丽转身。行动计划提出培养数以亿计的高素质劳动者和技术技能人才,与过去单纯强调培养高素质技能型人才有了明显的区别,这既是高职教育转型升级的核心指标,也是中、高职既相互区别又相互衔接的核心指标,预示着职业技术教育将回归其本位。中职和高职虽然培养的都是技术技能人才,但是侧重点不一样。中职主要培养操作技能型人才,即以熟练的动作技能培养为主要标志;而高职主要培养技术技能型人才,即以具有一定的技术应用能力和管理能力的培养为主要标志。如何使学生既具有熟练的技能,又具备技术应用、技术改良和技术革新的能力,将对现今各高职院校的培养方案提出前所未有的挑战。

在服务面向上实现华丽转身。行动计划提出在服务我国的区域经济和地方经济的同时,服务"一带一路"经济带的发展,这是新时代对高职教育提出的新任务,预示着今后高职院校,尤其是优质的高职院校,要同时面对两种需求,国内的需求和"一带一路"沿线国的需求,要培养既熟悉国内环境,又熟悉国际标准和国际规则的两用人才。这对现有高职院校的课程体系和课程内容提出了极大的挑战。

在体系建设上实现华丽转身。在相当长的一段时间里,高职教育实际上只是高等教育专科层次的代名词,而不是高等教育的一种类型。行动计划将创新现代职教体系作为一项重要任务,宣告我国的现代职业教育体系包括了中职、专科、本科、研究生在内的完整板块,预示着中国高等教育版图重构工程再度启动。行动计划部署了中国职教从局部发展到整体发展、从个别成长到系统成长、从中低端形态上升至高端形态的工作路径,这是高职教育作为一种高等教育类型由不完整向完整转型升级的重要方面。

在高职院校体制机制改革创新上实现华丽转身。行动计划倡导打开闸门,采取混合所有制方式兴办职教,让更多社会资源向职业教育汇聚。这预示着举办者主体多元化了,可以以独资、合资、合作形式来举办职业教育。由于高职教育一头连着教育,一头连着产业;一头连着岗位,一头连着技术,因此产业或企业究竟是以主角还是配角的身份、以主动还是被动的姿态进入职教,既决定了职教的品质,又决定着职教的兴衰。实践证明,纯公活不起来,纯民大不起来,只有与企业行业"混"起来,才能使高职教育真正"火"起来。同时,办学者主体也多元化了,办学者可以以知识、技术、管理等要素作为投入,享有与举办者同等的权利。行动计划使得高职院校在体制机制上有了脱胎换骨的深刻变化,一批行业企业将作为举办者,实行真正意义上的"双主体办学",将产业的要素深入到高职院校骨髓里;一批高职教育的行家专家将作为举办者,实行真正意义上的职业教育家办学。这是高职教育在体制机制上转型升级的重要成果。

在引入创新教育方面实现华丽转身。"大众创业、万众创新"呼唤并倒逼着高职教育新一轮人才培养模式的改革。行动计划的落实意味着创新教育将全面引入高职教育的每个专业、每门课程和每个项目。高职教育培养的是能将工程图纸转化为实物的"灰领人才",在新时期,这种转化不仅需要合格转化,而且需要优质转化和精细转化,更加需要创新转化。今天,创新教育不再只是一门课,也不是可实行、可不实行的一种教学模式,而是高职院校必备的生存方式和发展方式。

在如何提升学生应用技术创新服务能力方面实现华丽转身。在新时期,高职院校的重要历史使命是必须培养出千千万万个像20世纪五六十年代那样的大批技术革新能手。这就需要正确处理好"三大关系",即理论适用为度和适当强化技术基础的关系,以工作过程为导向和以技术活动全过程为导向的关系,面向现实的实务教育和面向未来的创新教育的关系。这是新形势下全面提高教学质量、适应产业转型升级的重中之重。

在"互联网＋"的背景下,实现专业建设和课程体系的华丽转身。当前,大数据时代除了对传统的学习方式产生了巨大冲击之外,对在这一大背景下的高职专业建设和课程体系也产生了巨大的冲击。高职院校要顺应"互联网＋"的发展趋势,自觉地将"互联网＋产业"的产业发展思路,转变成"互联网＋专业"的专业建设思路。落实"互联网＋专业"的理念将开辟高职院校专业建设和课程体系开发的新篇章,是贯彻行动计划的具体举措,也是推动新时代高职教育创新发展的重大指标。

(作者:俞仲文,中国职业技术教育学会副会长)

专业建设是提升人才培养质量着力点

任占营

不久前教育部印发的《高等职业教育创新发展行动计划(2015—2018年)》,以提高技术技能人才培养质量为主线,以提高高职院校内涵建设水平为抓手,推动国家、地方、学校三级协同,强化政府、行业、企业、学校四方联动,更加注重发挥高职院校改革创新主体作用,更加注重引导社会力量支持兴办职业教育,更加注重推动地方政府履行统筹管理职责,更加注重职教国家制度和政策环境建设,合力推动高职教育创新发展。

内涵建设是高职院校提升人才培养质量的核心途径,也是一项复杂的系统工程,需要从发展理念、专业建设、教师队伍、人才培养质量、校园文化、社会服务等诸多方面进行不断建设和完善。其中,专业(群)建设是高职院校强化内涵、提升质量的突破点和着力点,是推进教育教学改革的核心环节,是高职院校体现办学特色的逻辑起点。

专业(群)建设是职业教育与社会人才需求之间的桥梁和纽带,是职业教育主动适应经济发展和产业升级的关键环节,事关职业院校的生存与发展。抓好专业(群)建设,高职院校应做好以下几个方面的工作。

健全专业动态调整机制。专业设置合理、专业能跟随产业发展而进行科学动态调整,是院校内涵建设的基本逻辑起点。高职院校要坚持"有所为,有所不为""差异化发展""错位竞争"的理念,健全专业跟随产业发展的动态调整机制,服务院校特色发展和整体战略规划实施。"有所为"就是不盲目追求综合化、不随意新设所谓"热门专业",而是要重心下移、对接地方,围绕以区域优势、特色产业为内核的产业链,努力形成专业链(群),在一个或者多个专业(群)上集成、放大,实现专业设置与产业、企业需求的对接。"有所不为"就是要依据专业招生、就业及社会服务等因素,果断"关、停、并、转"处于产业发展衰退期、技术上没有升级换代可能性或者进口、出口两头不畅的专业,形成落后就自然淘汰的机制。

强化校企合作机制建设。职业教育的产教融合、校企合作实际上是全社会的合作,是教育与产业的全面合作。高职院校要着力推进专业(群)层面的校企合作机制建设,将开放合作育人平台建在专业(群)上,以专业(群)为基础单元,独立面向产业和行业、面向企业和职业、面向行业主管部门和行业协会,将产教融合、工学结合、校企合作落到实处、扎根底层。专业(群)建设要重视市场在人才培养中的导向作用,根据市场需求的变化,与行业企业共同研讨制订专业教学方案;根据职业岗位技能要求和职业资格标准,规范实践教学基本要求,真正实现教学过程与生产过程对接、课程内容与职业标准对接。

建设"双师"结构教学团队。一定意义上讲,教师的能力决定了一所学校履行自身社会角色定位的水平。针对目前高职师资队伍来源单一、基础薄弱、层次不高等普遍存在的问题,高职院校要围绕"双师型"队伍建设这条主线,坚持引进与培养相结合、专任与兼职相结合,在引进高层次人才、完善教师培养培训体系、建立教师专业化发展激励机制、有效管理兼职教师等方面采取切实可行的新模式,落实教师到企业实践的要求,完善企业工程技术人员和高技能人才到高职院校任兼职教师的相关政策;推动高职院校和大中型企业共建"双师型"教师培养基地,多管齐下共同提高"双师型"教师比例,全面提高师资队伍建设水平,实现高职院校教师教育教学能力的全面升级。

重视课程开发与课堂教学。所有的教育教学改革,最后都应通过课程开发与课堂教学反映在学生身上。课程开发与课堂教学是高职院校提高内涵建设的重点,是提高教学质量的核心,是一项难度很高的系统工程。高职院校要推动教学信息、资源与行业企业一线"零距离"或"短距离"对接的课程与课堂教学发展,在课程、教材、数字化等资源建设上形成校企协同建设机制,建立行业企业资源引入教育教学过程的质量标准、改造流程和评价体系,真正使优质资源进入课堂;要积极吸收和运用现代化的知识传播模式,以学生为中心,在教育观念、教学方式和人才培养过程的各个环节开展与学习方式相协调的协同变革,实现教学过程与生产过程远程互动,切实提高课堂教学的含金量。同时,还要针对高职招生制度改革带来的生源类型多元化、入学渠道多样化的新学情,面向中专毕业生、技校毕业生、职业高中毕业生、退伍士兵、企业员工、社区居民等开发特色课程,分层进行课堂教学。

系统推进实训体系建设。随着实习实训在教学中比重加大,校内外实习实训条件成为制约提高人才培养质量的瓶颈。高职院校应以满足专业发展和教学要求为原则,通过经营主体多元化和经营方式市场化手段,建立校内实训基地和校外实训基地互为补充、相对完备的实训体系,为学生创造真实的职业环境,使工与学有机结合在一起,实现用企业先进设备和产品装备学校、用企业先进技术和工艺武装教师、用企业先进文化和管理教育学生、用企业家眼光和用人单位标准培养人才,实现培养目标与企业需求零距离、理论知识与实践技能零距离、教学过程与生产过程零距离、教学课题与生产课题零距离。

开展国际交流与合作。中国已经进入由以市场换技术转变为以技术换市场的发展新阶段,大量企业通过参与国际竞争,开拓了国际市场。高职院校要以优势专业为依托,强化专业层面的国际交流与合作,充分拓展国际视野,引进和消化国际先进、成熟适用的职业标准、专业课程、教材体系、数字化教育资源;探索实践与我国企业和产品"走出去"相配套的职业教育发展模式,培养具有国际视野、通晓国际规则的技术技能人才和中国企业海外生产经营管理需要的本土化人才;联合开发与国际先进行业标准对接的专业标准和课程标准,共建实验室或实训基地,建立教师交流、学生交换、学分互认等合作关系。

优化专业(群)资源配置方式。高职院校要注重把学校工作重心和资源配置集中到教学工作中,进一步凸显教学工作在学校各项工作中的中心地位。通过健全专业评价机制,将专业招生的计划完成率、报到率、就业率和就业对口率,"双师型"教师的比例、兼职教师的授课比例,实践教学占总学时的比例,生均仪器设备值以及横向科研项目、社会服务收入等作为效果评价、专业调整、资源配置的重要参考指标,引导优质资源向专业汇聚,支撑优势特色专业持续深化内涵建设。

(作者:任占营,教育部职业教育与成人教育司)

把创新发展的基点落到学生身上

周建松

《高等职业教育创新发展行动计划(2015—2018年)》是继2006年实施的国家示范性高职院校建设计划和2010年实施的国家骨干高职院校建设计划后,高等职业教育领域又一个具有里程碑意义的指导文件。如何贯彻落实好行动计划?笔者以为,无论怎样谈创新、怎么谋发展,都必须将基点放在学生身上,必须把学生即期的增值感和长期的发展力作为出发点和检测点。

一、创新发展必须回归高职教育的本质任务

教育的本质是培养人,在高等教育的四大职能中,人才培养是第一位的也是根本的任务。

高职教育作为高等教育中的一种类型,在国家人才培养体系中具有极其重要的承上启下的结构功能,如果培养到位,将因其人才的不可替代性而形成重要的结构。高职教育之所以存在和发展,就是因为其培养的是适应生产建设管理服务第一线需要的,下得去、用得上、留得住的,具有较强发展力的高素质高技能专门人才。这类毕业生具有良好的职业性,包括职业理想、职业纪律、职业责任、职业情怀、职业良心、职业道德和职业技能,同时具有面向基层、从事基础岗位和基本业务的专业能力,这是我们必须厘清的命题和基本的思考。在这个基础上,再谈重视和加强学校多种功能的建设,包括学校科学研究和社会服务能力建设。

二、创新发展的首要任务是提高学生的市场适应性

行动计划从我国经济社会发展的趋势和要求出发,从 32 个方面对创新发展高等职业教育提出要求,并部署了 65 个项目和 22 项任务。人们对项目和任务的关注无可厚非,但与其关注项目和任务,不如将目光放到学生身上,在提高学生的市场适应性上着力。

第一,眼睛向下。把注意力放在学生身上,了解学生的需求,认真研究和正确把握学情,因材施教、分类培养、注重特色、激发兴趣、培养特长。

第二,眼睛向内。把注意力放在围绕和服务学生的各部门资源整合上,统筹协调教务处、学生处等部门力量,正确处理专业知识、技术技能和素质教育的关系,重点抓好学生能力培养。

第三,眼睛向外。把注意力放在经济社会发展和市场变化上,从适应和引领新常态要求这一方面来研究专业结构调整、教学内容和教学方法改革,当前尤其要研究"互联网+"对教学内容和方法改革的影响。

第四,眼睛向上。把注意力放在研究党中央"四个全面"战略布局对大学生提出的新要求上,抓好立德树人、传递正面声音、传播正确思想、传达中央关切、传唱主旋律的工作,培养好学生的世界观、人生观和价值观,为把青年学生培养成为可靠接班人和合格建设者服务。

第五,眼睛常转。提倡走出校门、走出国门,虚心借鉴兄弟院校、兄弟省市和发达国家发展职业教育的先进做法和有益经验,博采众长、融合提炼、改革创新、狠抓内涵、提高质量。

只有这样,才能在适应市场,满足学生发展需求,针对性培养上有所作为,并取得成效。

三、创新发展的长期使命是提高学生的发展力

行动计划坚持了学生的近期适应性,又倡导为学生长期发展服务,符合人才培养规律。为此,要在注重学生即期增值的同时,通过体制机制创新,为提高学生的长期发展力创造条件。

第一,注重培养学生学习能力。学习力是创新力的前提,也是实现学生可持续发展的前提,高职教育要体现职业性,更要体现高等性,要强调方法论,注重可持续,注重"授人以渔"。

第二,注重办学体制机制创新。要认真落实"产教融合、校企合作、工学结合、知行合一"要求,注重学校与产业和行业企业的合作机制建设,注重"双师"结构教师团队建设,为学生的可持续发展创造体

制机制条件。

第三，注重校园文化建设。文化的魅力在于长期性、传承性，高职教育发展到新阶段，"千亩校园、万名学子"成为各校常态。必须切实重视校园文化建设，抓好校训、校风、教风、学风建设工作，坚持"激扬高层、激发中层、激活基层、激励全体、引领学生"的理念，把学校做成优质教育组织和百年文化品牌。

总之，学生的即期增值和长期发展，在校获得和长期受益是落实行动计划应该把握和关注的，否则，改革就偏离了方向，违背了初衷，这一点必须谨记。

（作者：周建松，全国高职教育研究会会长、浙江金融职业学院党委书记）

产业升级的本质是人的升级

宋　凯

当前，我国经济已进入转型升级的重要时期。以"中国制造2025""互联网＋"战略为代表的"智"造引领，以"一带一路"战略为代表的产能转移，以"大众创业、万众创新"战略为代表的创新驱动，作为各产业由比较优势向竞争优势转变的三个突破口，为我国产业升级绘制了清晰的路线图。在此关键时刻，教育部印发《高等职业教育创新发展行动计划（2015—2018年）》，以产业升级本质上是人的升级为核心理念，明确了今后一个时期深入推进高等职业教育改革发展的总目标。

一、支撑中国制造2025　实现"智"造引领

提出"中国制造2025"计划，是希望建立一个既符合中国实际情

况,又体现世界发展潮流的中国工业体系,既提高劳动生产率,又解决就业问题,进而实现传统产业的转型升级,实现高端领域的跨越式发展。实现"中国制造2025"计划,关键点是系统培养高技术技能人才,高职教育只有瞄准制造业人才发展需求,补齐自身短板,加强统筹规划,增强人才的创新思维和创造能力、实践能力、解决复杂问题能力等,才能逐步建立起从研发、转化、生产到管理的人才培养体系。

行动计划中将服务"中国制造2025"单独列为一条,提出针对性措施即"优化院校布局、调整专业结构",明确了高职教育与产业同步发展的机制即"建立产业结构调整驱动专业设置与改革、产业技术进步驱动课程改革机制",特别是针对"中国制造2025"计划中的八项挑战,提出"主动适应数字化网络化智能化制造需要,围绕强化工业基础、提升产品质量、发展制造业相关的生产性服务业调整专业、培养人才"。此外,针对"中国制造2025",在行动计划中还分别提出"探索发展本科层次职业教育专业,培养'中国制造2025'需要的不同层次人才""支持地方和行业引导、扶持企业与高职院校联合开展现代学徒制培养试点""充分发挥校园文化对职业精神养成的独特作用,推动工业文化进校园"。这些措施必将有效提升高职教育支撑我国实现"中国制造2025"计划的能力。

二、配合"一带一路"战略　实现产能转移

职业教育培养的人才,可以在很大程度上支持"一带一路"的互联互通战略。行动计划高度重视高职教育对实施"一带一路"战略的支撑作用,提出高职教育要借此机遇进一步深化国际交流与合作,既"请进来",继续学习发达国家职业教育的先进经验,也要注重"走出去",特别是配合"一带一路"战略的实施,推动建立与中国企业和产品"走出去"相配套的职业教育发展模式。

行动计划从三个方面强化高职教育改革开放、服务"一带一路"战略。一是在政策层面,要积极"参与国际职业教育合作与发展,加强与职业教育发达国家的政策对话,探索对发展中国家开展职业教育援助的渠道和政策"。二是在教学和人才标准方面,支持高职院校将国际先进工艺流程、产品标准、技术标准、服务标准、管理方法等作为教学内容引入;支持高职院校参与职业教育国际标准与规则的研究制订,开发相应的专业标准和课程体系。三是校企联动,支持职业教育与企业积极"走出去",与积极拓展国际业务的大型企业联合办学,共建国际化人才培养基地;发挥高职院校专业优势,配合"走出去"企业面向当地员工开展技术技能培训和学历职业教育;鼓励示范性和沿边地区高职院校利用学校品牌和专业优势,积极吸引境外学生来华学习。四是适应需要,扩大与"一带一路"沿线国家的职业教育合作,主动挖掘和满足"走出去"企业的需求,培养具有国际视野、通晓国际规则的技术技能人才和中国企业海外生产经营需要的本土人才。这些措施,以教育为引导促进官民合作,使中国与"一带一路"国家往来越来越频繁,基础越来越坚实,务实合作必然也越来越红火。

三、加强技术技能积累　实现创新驱动

创新是推动一个国家和民族向前发展的重要力量,面对经济发展新常态下的趋势变化和特点,加快创新驱动发展战略上升到国家发展核心位置的进程,成为推动中国经济发展调速不减势、量增质更优,实现中国经济提质增效升级的"新引擎"。

行动计划对高职教育强化创新创业教育提出新的要求。首先,提出创新创业的基础是,"按照高质量创新创业教育的需要调配师资、改革教法、完善实践、因材施教,促进专业教育与创新创业教育有机融合;集聚创新创业教育要素与资源,建设依次递进、有机衔接、科学合理的

创新创业教育专门课程（群）"。其次，提出营造创新创业的环境，"充分利用各种资源建设大学科技园、大学生创业园、创业孵化基地和小微企业创业基地，作为创业教育实践平台；建立健全学生创业指导服务专门机构，做到'机构、人员、场地、经费'四到位，对自主创业学生实行持续帮扶、全程指导、一站式服务"。再次，提出将积极探索面向学生创新创业的各项机制，如"探索将学生完成的创新实验、论文发表、专利获取、自主创业等成果折算为学分；实施弹性学制，放宽学生修业年限，允许调整学业进程、保留学籍休学创新创业"。此外，行动计划还提出与企业共同建设技术技能积累创新机制，行业企业拥有先进的应用技术且更新较快，高职院校的技术研发能力较强，从技术技能积累的角度出发，行业企业要与高职院校深度合作才能形成创新合力，促进创新创业人才培养。

四、加强行业指导评价　促进协同育人

行业是产业的代表，发展行业职业教育是促进产业转型升级的关键环节，也是保障产业转型升级人才供给的有效途径。

行动计划把行业指导、评价和服务放在更加突出的位置，重点体现在以下几个方面。一是注重通过调动行业组织的参与来丰富高职教育的改革路径，行动计划总计 65 个任务、22 个项目，其中有 31 个任务和项目，行业是负责单位之一，成为落实行动计划的主力军。二是以转移政府职能为契机，发挥行业的组织作用，指导高职教育改革，"鼓励和支持行业加强对本系统、本行业高职院校的规划与指导""推动建立行业人力资源需求预测、就业形势分析、专业预警定期发布制度"。三是改革创新高职质量保障机制，提出"对用人单位影响力大的行业组织开展专业层面的教学诊改试点，以行业企业用人标准为依据，通过结果评价、结论排名、建议反馈的形式，倒逼职业院校的专业改革与建

设,职业院校自愿参加。专业诊改方案由相关行业制订、教育部认可后实施"。这是我国高等教育首次提出用人单位对教学质量进行评价,必将对高职教育产生深远影响。

(作者:宋凯,有色金属工业人才中心副总经理)

用人才培养状态大数据诊断和改进教学

王成方

《高等职业教育创新发展行动计划(2015—2018 年)》从创新发展的新视野,更加强调发展质量,更加强调质量保障,把完善质量保障机制作为今后创新发展的一项主要任务与举措,并对管办评分离后如何做好高等职业院校内部教育教学的自主检查保障,提出了建立诊断改进机制的要求。

一、优化状态数据平台

随着大数据时代的到来,教育部于 2008 年在高等职业院校中对人才培养工作状态数据进行采集。状态数据平台运行八年来,逐年修改完善,在教学管理、资源配置、业绩考核、评估评价等领域得到广泛应用。但是,在建好、用好状态数据平台的过程中还存在着一些问题,一是状态数据比较集中地反映在学校层面,具体反映专业层面的数据还不够多;二是平台的功能还没有充分地挖掘;三是地区之间、院校之间的重视程度还有较大差异。

高等职业院校自我诊断改进,需要对状态数据平台进行优化。首先要优化状态数据的结构。强化专业层面的数据采集,如各专业专任专业教师、校内兼课专业教师、企业兼职专业教师、校外兼课专业教师的数量、结构等;加强各专业的教学改革、校企合作、技术服务等项目的数据采集。其次要拓展状态数据平台的功能。细化各专业的资源置配、毕业生就业率及就业质量、技术服务、社会贡献等投入与产出效能的分析,增强状态数据平台的统计分析功能,并以仪表盘或列表等形式,在典型案例中得到呈现。再次要扩大状态数据平台的应用范围。在优化状态数据平台的过程中,不仅要提高建好平台的认识,更要在状态数据应用上引起重视,使状态数据真正在加强管理、促进发展中发挥更好的作用。从状态数据目前的应用情况来看,全国绝大多数省份主要应用于评估工作。一些先进省份,应用面正在不断拓展,如浙江省对高等职业院校教学业绩考核,已经将状态数据作为重要的考核依据;江苏、广东等省份也将状态数据作为高等职业教育改革建设项目立项和验收评审的主要依据。但是,从总体而言,状态数据的应用范围还主要停留在评估、考核和了解现状、水平上,而对如何利用状态数据做好趋势预测、风险防范等方面显得研究不够、应用不足,亟待加强。

二、建好数据分析队伍

在状态数据平台的建设和使用中,建好一支数据分析队伍显得尤为重要。当前,高等职业院校基本建立起一支数据采集力量,一些理念先进的院校已经起步开展对状态数据的分析。但数据分析队伍人员偏少,业务不够熟练,研究不够深入,总体上还不能满足自我诊断改进的要求。

建好数据分析队伍,关键要有数据分析的领军人物,政治上风正气顺,对事业发展充满热情,业务上熟悉职业教育宏观方针政策、基本规律,有较为丰富的教学和管理经验,具有一定的研究能力和合作精神。建好数据分析队伍,还要在院校内部各职能部门、教学实施部门培养一批懂平台、会分析、勤研究的数据分析人员。自我诊断改进工作是院校的一项经常性工作,而这项工作必然要与日常教育教学、管理工作对接。院校职能部门、教学实施部门是状态数据的源头,重视对每一个职能部门、教学实施部门数据分析人员的培养,可以使状态数据采集与管理平台内的数据和平台外的数据有效结合,提升院校自我诊断改进的准确性、及时性。

三、完善内部保障系统

诊断与改进,诊断是手段,改进是目的。使诊断的意见和结果落到实处,需要有一定的组织体系作为保障。从外部来看,从过去教育行政部门组织的评估,到年度质量报告制度的建立,以及今后"管办评分离"国家督学系统的评估、第三方评价机构的评价等,保障体系正在逐步完善。而绝大多数院校的内部质量保障系统仍然不够健全,一些院校把质量监控机构等同于质量保障系统,还有一些院校至今没有质量监控机构,这对有效开展诊断改进工作极为不利,需要加快建设和完善。

内部质量保障系统应包括以下几个系统:一是质量标准研制系统,包括专业人才培养方案、课程标准,以及与质量相关的管理文件制度的制定。二是质量组织生成系统,指人才培养方案的实施和具体的教育教学过程,包括课堂教学的内容、方法、手段,实践教学的项目、实施、管理,还有育人的载体、环境、氛围等。三是质量评价监控系统,包括对人才培养过程和管理实施过程的检查、监控、评价、考核和督导等。四是要素条件支持系统,主要指人才培养过程中人力、财力、物力的支持与保障。"兵马未动,粮草先行",人才培养也是如此,师资、经费、设施、设备、场地等基本条件要有保障。五是质量信息网络系统,主要职责是将各个系统的相关信息及时传递到其他系统,同时将质量评价监控系统诊断后的相关信息及时传递到其他各个系统,形成闭环,以促进相关系统的及时改进。

四、构建质量预警机制

产品不合格可以报废,而人才不合格可能会影响学生的一生,影响社会的发展。因此,高等职业院校在加强对人才培养结果诊断的同时,更要关注人才培养过程的诊断,充分利用状态数据和相关材料,建好质量预警机制,尽早消除影响人才培养质量的各种不利因素。

一要建立校企合作预警机制。重点考量各专业校企合作机制是否真正建立,合作企业的数量和质量能否满足学生专业学习的需要,校企合作的功能是否得到充分发挥,互利双赢的目标有否真正实现等。二要建立专业建设预警机制。重点考量各专业与区域经济发展、产业结构的对接程度,专业招生与就业状况,毕业生就业对口率,毕业生的就业质量以及学校整体的专业结构布局等。三要建立课程建设预警机制。重点考量各专业的课程体系、课程结构与人才培养目标的关联度,课程标准与课程所承担任务的切合度,教学内容与教学方法的改革力度,以及教学资源建设状态等。四要建立师资队伍预警机制。重点考量各专业学生规模与教师的配比,师资队伍结构;专业带头人的能力、水平和在行业企业中的影响力,骨干教师的教学和社会服务、科研能力;企业兼职教师的教学和业务能力、水平及实际承担教学任务的数量等。五要建立实训教学预警机制。重点考查各专业实践教学项目的开出率;校内实训场地的面积和主要实训设备的台套数,生均实训工位数和教学仪器设备值,校内实训项目的组织与设备的使用率,实训室的管理;校外实训基地的数量、功能与实训项目的吻合度,现场指导教师的配备,校外实训项目的组织与管理等。六要建立服务能力预警机制。重点考量各专业社会服务项目的数量,专业教师的参与程度,社会服务收入,对服务对象的提升状况以及促进发展的作用等。

(作者:王成方,浙江金融职业学院总督导、研究员)

第 三 章

主编视阈

高等职业教育创新发展的逻辑指向与实践思考

周建松

摘　要：高等职业教育的历史就是一部创新求生存、创新求发展的历史。在我国高等教育从大众化向普及化发展及构建现代职业教育体系的双重引领下，推动高等职业教育又好又快发展，必须有更大的创新勇气和创新智慧。

关键词：高等职业教育　创新　高等教育大众化

高等职业教育是我国高等教育的一种新的类型，从它产生发展的初始，就带有创新的基因，这就是以创新求生存、以创新求发展、以创新求生命力、以创新求可持续。在今天，高等职业教育发展进入关键时期后，其创新发展的重要性和必要性更明显地体现了出来。

一、高等职业教育的发展史就是一部创新史

众所周知,如果要追溯历史,我国的高等职业教育是从 20 世纪 80 年代短期职业大学开始的。为了适应改革开放初期城镇集体发展,解决一大批下乡返程青年就学等问题,我国在一些大中城市,利用高校的可用资源,逐渐兴办一些以走读、夜校、不包分配和不迁户口等为主要特征的短期职业大学。最早的要数南京金陵职业大学、天津职业大学等。最初的发展应该说是没有十分明确指向的,在政策不支持、社会不认同的情况下,要通过较短学制,把考分不太高、学习基础不太好的学生培养成有用之才,使其成为具有上岗适应快、动手能力强、职业操守好的人才,这十分困难,因此必须进行教学内容和教学方法的改革。其中,最为突出的是如何选择教学内容、如何选聘任课教师、如何创新培养模式、如何改进教学方法等问题,这也就成了当时的教学创新的难题。

为了更好地充分利用教学资源、推进高等职业教育发展,这一时期除了上述模式以外,还积极利用中等专业学校,采用五年制和"3＋2"的形式。同时,还利用一部分成人高校和干部管理学院举办高等职业教育,一些大学如同济大学也通过设立相对独立的高职学院的路径,举办高等职业教育。多管齐下举办高职教育,必须办出特色、办出水平,这就需要鼓励各类学校从自身优势出发,进行力所能及的探索。比如五年制大专突出高教性,本科举办的高职学院则要防止变成"压缩饼干",等等。

二、高等职业教育是推动高等教育大众化的生力军

世纪之交,我国做出了推动高等教育大众化的决策,一是鼓励现

有高等学校挖掘潜力扩大招生,二是通过吸纳社会资源举办独立学院(简称三本),三是通过多种途径大力发展专科层次的高等职业教育。从 20 世纪末到 21 世纪最初 10 年,为了适应推进高等教育大众化而大力发展高等职业教育的局面,教育部印发了《教育部关于加强高职高专人才培养工作的意见》,也就是著名的教高〔2000〕2 号文件。2 号文件理清了高等职业教育审批权限,明确省级人民政府审批和统筹的责任,明确提出:第一,高职高专教育是我国高等教育的重要组成,培养高等技术应用型专门人才;第二,以"应用"为主旨和特征构建课程和教学内容体系;第三,"双师型"教师队伍是提高教育教学质量的关键;第四,高职高专教育的教学建设与改革,必须以改革教育思想和教育观念为先导;第五,要将素质教育贯穿于高职高专教育人才培养工作的始终;第六,专业设置是社会需求与高职高专实际教学工作紧密结合的纽带,口径可宽可窄、宽窄并存;第七,课程和教学内容改革是高职高专教学改革的重点和难点,要突出应用型和实践性原则,重视课程结构,更新教学内容;第八,实践教学要改变过分依附理论教学的状况,探索建立相对独立的实践教学体系;第九,改革教学方法和考试方法,引入现代教育技术,是提高教学质量的重要手段;第十,教学与生产、科技工作以及社会实践相结合是培养高等技术应用型专门人才的重要途径等。

此后,教育部又发布了《教育部关于以就业为导向深化高等职业教育改革的若干意见》(教高〔2004〕1 号),进一步强化了特色办学。2006 年,教育部启动了"国家示范性高职院校建设工程",并发布了著名的〔2006〕14 号文件和〔2006〕16 号文件,对推进国家示范建设和全面提高高等职业教育教学质量提出了明确指导意见。14 号文件和 16 号文件对高等职业教育创新发展具有里程碑意义。它的意义在于:第一,明确了高等职业教育是高等教育的一个类型;第二,提出了高等职业教育的培养目标,即具有较强的学习能力、团队协作能力、实践能力、创造能力、就业能力和创业能力的建设者和接班人,必须具有较好的法制观念、诚信品质、敬业精神和责任意识;第三,要求专业建设和调整要适应市场,建立国家、省、校三级体系,学生要取得"双证书";第四,强调课程建设要坚持工学结合、产教融合;第五,提出要推进工学结合,突出实践能力,改革人才培养模式;第六,强调校企合作,建设好校内外实训实习基地;第七,提出要注重"双师"结构的教学团队建设。应当说,〔2000〕2 号文件、〔2004〕1 号文件、〔2006〕14 号文件和〔2006〕16 号文件,不仅明确了高等教育大众化背景下高等职业教育的定位,也指出了高等职业教育改革创新的目标和方向,为创建中国特色、世界水平的高等职业教育打下了坚实的基础。

三、高等职业教育在职业教育体系中的地位得到不断强化

"百所国家示范性高职院校项目"的建成,推动了我国高等职业教育的快速发展,我国的高等职业教育同时出现了前所未有的热潮,在一些地方甚至其势头和影响力胜于一些普通本科高校。应该说,这是高等职业教育改革办学、人才培养、创新教学和管理等模式的必然结果,也预示了我国高等职业教育的改革和发展方向。

不仅如此,高职教育的管理体制也发生了重要变化。在教育部内部,高职高专被划归职业教育与成人教育司(简称职成司)管理,全国1300 多所高职高专院校划归职成司协调和统筹。这看似是一个管理体制的划分问题,其实包含着十分重要的决策转变。这表明,我国高等职业教育的发展将从高等教育大众化的重要抓手,转变为现代职业教育体系建设的主要抓手。高等职业教育已在或正要从基于高等教育的高职教育向基于职业教育的高职教育转变;国家将把建设"适应发展需求、产教深度融合、中职高职衔接、职普相互沟通",体现终身教育理念,具有中国特色、世界水平的现代职业教育体系作为今后的目标

任务。教育部也相应做出了一系列决策,主要包括:第一,明确提出要加快发展现代职业教育,新增招生规模增量,主要用于高等职业教育和专业硕士,与普通本科基本持平;第二,明确指出要推进产教融合、校企合作,充分发挥行业企业在职业教育中的指导作用;第三,明确将建设职业教育体系放在突出和重要的位置,强调中高职协调发展,发挥高职教育在职业教育发展中的引领作用;第四,明确提出要加强职业教育师资队伍建设,提高师资队伍的质量和水平;第五,强调在探索本科层次的高等职业教育上做新的努力,争取达到一定规模,并鼓励应用型本科向应用技术型大学(本科高职)转型;第六,强调体现类型特点,突出体现五个对接,即专业与产业、职业岗位对接,专业课程内容与职业标准对接,教学过程与生产过程对接,学历证书与职业资格证书对接,职业教育与终身学习对接;第七,强调推进招生制度改革,其中在高等职业教育阶段,要重点探索"文化素质+职业技能、综合评价招生、自主招生和技能拔尖人才免试"等考试招生方法;第八,强调要拓展职业服务面向,为构建劳动者终身职业培训体系等创造条件,并积极发挥作用。应该说,高职教育作为职教体系的主体,正在面临十分艰巨的改革创新任务。

从体制内看,中高职如何衔接,如何把握好中职教育与高职教育的关系,使它们既能够做到各自定位、办出特色,又能够衔接自如、融为一体,这是一篇大文章。这必须解决好高职之"高"不可缺位问题,同样,必须兼顾高职之"职"的价值问题。从体制外看,高等职业教育如何实现与生产进程、岗位需求、资格证书等方面的五个对接更是一个巨大的课题,体制上有无障碍、教师能力上能否适应,这就必须研究高职教育既是高等教育有机组成部分,又必须具有跨界属性的问题,必须解决好高职之"职"同样牢固和不能缺位问题。要妥善地解决好这些问题,真正打造类型特色、办出水平、实现一流,必须依靠改革和创新。

四、用创新的思维研究高等职业教育的改革发展问题

第一,切实转变教育思想和理念。要综合立体地看待高等职业教育,不仅把高职教育看成是职业教育,更将其看成是高等教育,从高职"复姓"立体化体系来看待高等职业教育的发展。要用相对独立的视角看高等职业教育。从体制上看,高职教育需要相对独立的体制和机制,只有这样,才能上接本科(硕士)、下接中学(中职)、横接社会,有效发挥作用。要用更加广阔的眼光看高等职业教育。高等职业教育是高教性和职教性的统一,必然具有更强的经济和社会属性,国家需要建立一个高等职业教育发展协调委员会,协同发改、财政、劳动、人事及企业部门共同研究创新发展谋略。

第二,继续研究办学模式创新问题。要在学校主动找企业的基础上,创造企业办学、集团办学、行业办学或区域经济体联合参股办学等路径,形成体制更加开放、校企更加紧密的办学体制机制,真正实现教学与实践的紧密结合,专业与职业的有机融合。

第三,努力深化人才培养创新。学校的任务始终是培养人,培养什么样的人、怎样培养人的问题,始终是学校必须关心和认真解决的问题,工学结合、顶岗实习是解决问题重要路径。这有利于教师教与做的结合,进而推动学生学与做的一致,这需要教师能力的提升和结构的转换,需要学校与企业体制的转换,需要师资队伍形成渠道的创新。

第四,推动教学内容与方法的不断创新。对于每一个教师而言,自己所能做的,就是在宏观环境下,坚持自上而下和自下而上的有机统一。不断学习,深化调研,了解新形势,增强前瞻性,研究新内容,创新新办法,使教学更加灵活多样,更为行之有效,解决好为了谁的大问题,真正把育人为本落到实处。

第五,深入思考职业教育层次的创新问题。发展本科层次的高职教育已初成共识,关键是谁来办。让愿意办、有能力办的人来办,这是一条基本规律。如果单纯寄希望于现有本科学校转轨转型和改革改造,恐怕只是一个理想,科学而有效的方法是设置条件、放宽准入,真正让本科层次高职发展和兴旺起来。如果说我国在世纪之交做出了高等教育大众化的英明决策,推动了我国经济社会的大发展,我们可否创新思维,在 2020 年前后做出一个本科层次高等职业教育普及化,让人民群众受惠受益,相信它也必将提高中华民族劳动力的整体素质,提升人力资源的水平和质量,促进全面建成小康水平的目标实现。

第六,努力解决职业教育起点提升问题。到目前为止,我们依然在强调中学阶段普通教育与中职教育要 1:1,国家为此也采取了许多强硬和鼓励措施,但效果并不明显,对此,必须引起我们的反思。在沿海发达地区,我们可否将普及高中教育作为一项政策,进而提高职业教育的起点,直接转变为专科和本科层次的职业教育。要综合改革普通高中的教育内容和方法,适当引进职业教育内容,培养青年学生的职业观和劳动观。要从根本上创新劳动就业制度,为继续教育、终身教育、高等教育和职业教育的协同发展创造条件。

参考文献

[1] 教育部.国家教育事业发展第十二个五年规划[R].

[2]《温家宝谈教育》编辑组.温家宝谈教育[M].北京:人民教育出版社,人民出版社,2013.

[3] 秦惠民,等.高职教育对现代大学功能变革的影响[J].中国高教研究,2014(2).

以优势专业建设为抓手　推进高职教育内涵式发展

周建松　孔德兰　章安平

摘　要:专业是高职院校办学的基点,如何通过专业建设促进高等职业教育发展转型和质量提升,是当前高职教育的一个重要命题。在高职教育已进入内涵建设阶段的发展背景下,以专业建设为抓手,必须突出优势专业建设的实践重点,必须遵循内涵发展的准确定位、竞争选拔、工程推进、创新发展的基本原则。

关键词:高职教育　内涵发展　优势专业

毫无疑问,内涵建设、提高质量将是今后一个时期高等职业教育的工作重点,问题是怎样有效地推进高等职业教育的内涵建设。新世纪以来,教育部、财政部和各地教育、财政部门已经采取了许多切实有效的措施,各校均在想方设法创新工作。笔者以为,专业建设,尤其是建设一批有特色、有规模、有水平的优势专业,必须作为今后一个阶段高职教育的主要抓手和核心工作。

一、把内涵建设的基点放在专业层面是正确而科学的选择

推动高职教育由规模扩张向内涵建设的转变,可以有不同视角和基点,概括起来主要有以下路径:

一是学校论,即建设一批重点学校或高水平学校,这是一个政策层面的重要观点。我国在发展高等教育的进程中,有一个重要的思路就是通过"211工程""985工程"等项目建设来推进高水平大学建设尤

其是世界一流大学建设。通过一定的财政和政策倾斜,以专项建设和政策优待的方式,推进形成一批高水平学科、高水平团队,进而助力形成高水平学校,成绩是明显的。但高职院校的情况有所不同,一是普遍办学历史不长,还没有形成公认的评价指标和内涵体系去衡量一所或一批学校是否完全处于领先水平,而且学校的领先水平还需要时间去进一步彰显和巩固;二是高职教育统筹发展的任务在省级,各省经济社会发展水平、产业结构特征的不同决定了应用型技能人才的需求状况不同,因而很难进行统一的政策标准设定;三是高等职业院校数量众多,迄今有 1300 余所,用有限的资金面向学校进行重点投入,必然存在投入力度不够或受益面过窄等问题。正因为这样,选择以学校为单位进行重点建设并不是最佳和最科学的选择,尤其是在内涵建设深入推进阶段。

二是课程论,即建设一大批重点或优质课程。以此为政策切入点,对引导学校和教师眼睛向下、注重基层,无疑具有积极推动作用。但若把它作为高职教育内涵发展主抓手,一方面会造成许多不必要的重复建设和浪费现象,因为同一门课程必然会形成一大批同类资助和重点建设对象;另一方面,则容易造成教学资源的不均衡配置,因为一门课程看似相对独立,自成体系,然而不同课程之间实则有密切的关联,知识上不可偏废。因此,我们认为,课程建设过程一定需要由各个高职院校有重点地建设一批优质课程,但这不是内涵建设的主要抓手。

三是专业论,即建设一批有特色、有水平、有品质的专业。我们以为,这是一种相对比较稳妥的政策选择。首先,专业是区分普通高等教育与高等职业教育的重要标志,所有教育形式都必须讲课程,但高等教育突出其学科定位,一般职业教育主授专业,高等职业教育还需突出其体系价值,因此以专业为基点建设形成体系在高等职业教育上具有科学性;其次,专业在高职教育中作为中位概念,专业结构彰显出学校的办学定位和特色,专业总体水平反映出学校大致水平,高水平专业体现出学校的重点和特色;最后,专业的建设和发展,能带动人才培养模式、校企合作机制、课程体系、实习实训体系、专业师资教学团队和社会服务能力建设,取得成效,也赋予学校选择和争取的自主权,是恰当的和有实际意义的,可以把它作为主抓手和基本点。

二、新时期高职教育专业建设的措施

总体而言,无论是选择学校、课程或者专业作为我国高职教育建设的主要抓手,其最终都可以归结到专业建设上来。课程建设的目的是凸显专业,学校建设的成果往往以某个优势专业的形成为标志。进入 21 世纪以来,我国教育主管部门和各个学校共同依循专业建设的基本逻辑,采取了一系列积极而有效的推进措施。

(一)教改试点专业

在我国高等职业教育大发展之初,为规范和创新高等职业教育教学工作,教育部发布了《关于加强高职高专人才培养工作的意见》(教高〔2000〕2 号),该文件明确提出专业设置是社会需求与高职高专实际工作紧密结合的纽带,也明确了专业建设和教育管理规范的指导原则,同时,在全国高等职业院校中全面实施了新世纪教改试点专业,旨在推动教学创新,防止把高等职业教育办成本科压缩型。应该说,新世纪教改试点专业的受益学校虽不普遍,但在规范专业建设、创新专业人才培养模式上,起到了一定的促进作用。

(二)重点建设专业

为推动迅猛发展的我国高等职业教育办出内涵、办出水平,各教育行政主管部门积极争取财政部门的支持和配合,实施和启动了重点专业建设工程,通过"学校申报、专家评审、财政资助、工程推动"的方法,在全国和各省支持和形成了一批有特色、也有一定规模和水平的重点专业。这些重点建设项目,迄今仍为我国高等职业教育发展的重要基础,成效是十分显著的。

(三)国家示范重点建设专业

为进一步深化高等职业教育改革发展与创新,教育部、财政部于2006年联合启动并实施了国家示范性高等职业院校建设计划,明确提出要加强重点专业建设,选择500个左右办学理念先进、产学结合紧密、特色鲜明、就业率高的专业进行重点建设,以期在专业带动、实训基地、课程体系、专业群等方面起到成效,在专业建设中起到示范和引领作用。到目前为止,全国100所高职院校443个重点建设专业方案和成果仍公开挂在网上,对高等职业教育改革创新具有较大的示范效应。

(四)特色专业建设

特色专业建设是各地各校在推进高等职业教育内涵建设过程中进行的一些新探索。其功能在于,一是彰显高职教育的类型特色;二是支持一批有影响力、有水平、有特点的专业,真正能做到"人无我有、人有我优、人优我特、人特我强"。采用"特色"进行重点性专业建设,比较能被接受,真正能做到收放自如,便于各学校进行选择和探索,也鼓励了各学校进行创新。

(五)提升专业产业发展服务能力

2011年,教育部、财政部《关于支持高等职业学校提升专业服务产业发展能力的通知》明确指出根据现代农业和制造业、战略性新兴产业、生产和生活性服务业等重点领域和地方经济社会发展需要,在全国独立设置的公办高等职业学校中,支持一批紧贴产业发展需求、校企深度融合、社会认可度高、就业好的专业进行重点建设,推动高职院校创新体制机制建设,加快人才培养模式改革,整体提升专业发展水平和服务能力,为国家现代产业体系建设输送大批高端技能型专门人才。这一计划虽然以提升专业服务产业发展为由,强调要把专业重点选择在产业支持型、人才紧缺型、特色引领型和国际合作型上,但是其结果是好中选优,因而仍具有重点专业的色彩。自然,这一举措对推动专业建设起到了十分积极的作用。

以上是对最近十多年我国在专业支持模式和名称上的一些分析。从中我们发现,其本质是重点,其不足点是与布局和专业规模关联较少或很少。支持内涵是好事,但好事还当办实。

三、以优势专业建设推进高职教育内涵再发展

内涵建设、质量提高的举措要落到实处,必须抓住专业这个根本,从中起到夯实微观、主抓中观、彰显宏观的积极效果,实现落地学校、面向省域、影响全国的广泛效应。具体而言,要以推动建设一批优势专业来促进高等职业教育内涵建设的持续深入,为实现高职教育可持续发展奠定基础。

(一)正确定位优势专业的建设目标

正确的优势专业建设地位应当结合学校的自身特点、所处的区域需求以及国家的政策条件来确定,但其基本原则有:(1)它是高等职业教育发展过程中需要或急需或有潜力的专业,可以在较长时间内有较好的人才需求;(2)它在一个学校发展过程中已有一定的规模和办学水平,包括师资队伍、办学条件、社会声誉和社会影响,也就是已经具有一定的专业建设水平;(3)与参与学校的总体办学定位相协调,或者说发展方向相一致,如浙江旅游职业学院的酒店管理专业、导游专业,浙江

商业职业技术学院的市场营销专业和连锁经营管理专业,浙江金融职业学院的金融专业和会计专业等。这实际上是说,优势专业一般是大而优、优而强、强而重的。

(二)采用协商式竞争性申报的建设办法

教育行政部门制订一个优势专业建设规划,适当明确优势专业的建设标准,支持资助办法和遴选方式,采用学校申报、专家评审及其主管部门与学校协商的方式进行,也就是它必须实现以下几个结合:(1)主管部门的支持与学校的重点发展战略相结合,实现区域专业布局发展与学校专业结构的协调;(2)优势专业在各个不同学校之间要有一个适当分工,同一个专业不能过多过滥,即使是现在非常热门的专业,比如会计、市场营销、计算机信息管理;(3)一个学校的重点或优势专业的数量不能太多,也不可太少,综合性院校应有 8—10 个,专业性院校应在 5—8 个,这样区域内院校间可以形成一个既有一定竞争又有一定协作的关系;(4)教育部门会同财政部门采用"基数＋学生规模"相结合的资助办法,推动优势专业做强做大。

(三)优势专业建设是一个系统工程

以专业建设为重点的办学内涵建设是一项系统工程,它至少应包括:(1)构建以专业为基点的开放办学即校企合作机制,形成合作发展、合作办学、合作育人、合作就业的机制;(2)探索研究各个不同类型、不同生源、不同层次的专业人才培养方案,形成有特色的人才培养方案和模式,体现出先进性、可持续性;(3)专业建设本身应包括课程建设、师资队伍建设、校内外实习实训基地建设、人才培养方式改革、合作教育体制机制建设、教学条件建设等,其中师资队伍建设尤其是专业带头人和"双师"结构教学团队建设十分重要;(4)以优势专业为龙头,带动专业群建设,这是发挥优势专业在校内带动作用、示范作用、引领作用的重要路径;(5)以一个学校的优势专业带动 3—5 所兄弟院校,联合 3—5 个核心企业,合作建设,就能形成优势专业在校校和校企方面的联合发展机制。

(四)优势专业应带有进一步探索创新的任务

我国的高等职业教育已经有 20 余年的发展历史,经历了没有明确目标的摸索阶段,有了一定目标的探索阶段,推进大众化的规模发展阶段和专科层次的内涵建设阶段,目前处于按照内涵发展、提高质量的要求,加强以专业、课程和师资队伍建设为重点的内涵建设阶段。从今后发展趋势看,发展本科层次的高等职业教育,构建中国特色、世界水平的现代职业教育体系的任务已然摆在我们的前面。发展本科层次的高等职业教育可以有多种途径,应用型本科转型是其一,现有专科层次的高职院校升本是其二,其他也应当有多种发展途径。而依靠现有高职院校发展本科层次的高等职业教育,应从专业先行,其中优势重点专业当是十分重要的路径。可以料想,如果在全国范围内形成 1000—2000 个优势专业建设点,高职教育可持续发展的道路一定会越来越宽阔。

以课堂建设为抓手　推动高职教学创新

周建松

摘　要:随着信息技术在教育教学领域的广泛应用,特别是 MOOC、微课、翻转课堂等教学模式的引入,传统课堂教学的重要性受到了人们质疑。而笔者认为,信息化教学我们必须重视,但课堂教学的重要性不可忽视,我们必须从综合性、基础性、立体化等视角重视和加强课堂建设,以课堂创新促进人才培养模式改革和人才培养质量的提高。

关键词：课堂建设　教学创新　人才培养质量

随着现代信息技术的不断发展，教育教学领域的新形式、新载体不断出现，尤其是 MOOC（Massive Open Online Course，大规模开放在线课程）、微课、翻转课堂等概念的引入和兴起，人们对传统意义上的课堂教学的重要性，有了不同的认识。有人认为，MOOC 等形式的广泛推广，即大规模在线课程的兴起，一定会冲击传统教育教学和学习模式，冲击传统课堂教学、教师教育工作的重要性，从而给各级各类学校的教学工作产生不同程度的冲击。我们认为，无论从理论还是实践上看，对于 MOOC 等的兴起，我们必须认真研究其产生和发展历程，积极应对其带来的冲击，将其作为一种教学工具正确使用，并努力推广和实践，为拓展教育教学资源、增加教育教学内容服务，以切实提高教学有效性。然而，课堂教学作为一种常规，仍然是教学的基础环节，我们必须把它作为提高人才培养质量的重要抓手，不断加强其工作。

一、现代信息技术的推广应用一时还难以改变高职专业课程的教育教学与训练

不可否认，现代信息技术被引入到教育教学之中，会对学习者的思维、时间、空间和方法等产生重要影响，对教育工作者尤其是教师产生一定程度的冲击。但从总体而言，情况并不是人们所预判的那样。

（一）总体分析

我们认为，由于录制成本、持续更新等因素，应用信息技术所形成的课程一般都是通识性强、适用面比较广泛的课程，如高等教育中涉及面比较广、知识和理论相对比较成熟和稳定的课程，即大学教育中

的文化基础、专业基础课程,还包括社会公共属性比较强的文化、军事、人文等课程,受众面也比较广泛。而高等职业教育带有职业教育的特点,尤其是其中较重要的专业课程,一般强调该专业的高职特点、区域特征、行业特色和学校特性,并不强调其通识性、广泛性和普适性,这就很难用巨大的投入来建设大规模信息化课程。这就是说,我们必须重视信息技术对课程建设的影响,重视信息技术对课程和课堂教育教学的冲击,但必须注意到职业教育对信息化教学的依赖,语言问题、地域问题、行业问题、成本问题等广泛存在。

(二)具体探讨

从当前信息技术应用到教学领域的具体情况而言,人们讨论较多的有三个形式,我们不妨做些具体解析。

(1)MOOC。此类课程在网上提供免费内容,给更多学生提供了系统学习的可能性,由于其工具资源多元化、课程易于使用、课程受众面广、课程具有参与自主性等特点,受到了广泛的欢迎。但从目前情况看,其课程的门类发展不快,也很难在职业教育教学领域对专业教育与训练产生较大的冲击,或者说主要影响在理念层面而并非现实层面。

(2)微课。微课是指按照新课程标准及教学实践要求,以视频为主要载体,记录教师在课堂内外教育教学过程中围绕某个知识点(重点、难点、疑点)或教学环节而开展的精彩教与学活动全过程。微课的核心内容是视频,具有教学时间较短、教学内容较少、资源容量较小、资源使用方便、资源主题突出等特点,成果简化,便于传播,针对性强,因而可以作为教育教学插播和课堂教学中的案例引入等。也就是说,微课作为课堂和课程教学的重要补充,是非常有意义的;但要代替课程和课堂教学,则还相当艰难或者说不太可能。

(3)翻转课堂。它是指重新调整课堂内外的时间,将学习的决定权从教师转换给学生,在这种教学模式下,在课堂的宝贵时间内,学生能够更专注于主动的基于项目的学习,共同研究解决更大的现实问题。应该说,这种模式下,它不再是传统的课堂(老师教、学生听、布置作业),而是学生自主学习、提出问题,课堂上学生提出问题,师生共同讨论和解决问题。应当认为,这是一种教育教学的理想模式,但是似乎更适合于研究性学习。由于高等职业教育主要体现实践性,部分教学内容、部分教学课程可以进行这样的改革,但它仍然离不开教师在课堂的教育教学和训练指导。

根据以上分析,我们认为,对由 MOOC 等信息化课程推动的课堂、课程和教育教学改革,我们必须重视和积极应对,但不应片面化解读,认为课堂无所作为,将被替代的理由是不成立的。

二、课堂教学是高职教育中基础性、综合性教育教学活动,具有立体化功效

我们认为,在现代教育机构中,尽管信息化正在影响乃至改变我们的生活和工作,但作为人才培养工作的基础性环节,课堂仍起着主渠道作用,仍然是一个综合性教育教学场所和平台,具有教书、育人、实践立体化功效,具有社会化概念。

(一)课堂是教师与学生的互动交流平台

教师和学生是学校的两个重要主体,在传统的教育教学中,教师教、学生学,构成了一个有机体;在现代信息社会,教师教、学生学的同时,教学相长、师生互动、学生存疑、教师解答乃至师生共同研讨成为新的风景。尽管教师与学生还可以在其他课余时间进行交流和互动,在实践中共同研讨和解决问题;但是,课堂则是相对固定的场所和平台,是一个教师与若干学生(一般是一个班级)的整体性互动,因而具有学

校教学的典型意义,也是构成学校活动的重要因素,是建立和构成师生间特定社会关系的重要渠道。

(二)课堂是课程建设和课本学习的特定综合体

课堂的另一种功效,是为教师和学生在特定的时间和空间,解决课程和课本学习问题提供了一个平台。人们常说,高等职业教育强调的是专业,而专业则主要有若干课程组合而成,不同的课程组合,形成了不同的专业或专业方向,培养了不同知识和能力的人才。可见,课程是学校的重要产品,也是专业学习的重要基础。课程的学习有多种路径,而课堂是主要渠道,教师和学生借助于课本(讲义),通过师生互动,完成理论和实践课程的学习,而课堂又具有集约性、稳定性、高效性的特点(1—2个教师同时承担50—100位学生的教育与学习问题),因而具有重要意义。

(三)课堂是解决理论与实践知识、实训等问题的复合体

与此同时,我们还必须注意的是,在课堂教学中,不仅有教师对于理论的分析,也有实践的解析,既有知识的传授,也有技能的训练,所不同的是教师可能是同一人,也可以是不同人,专兼结合、"双师"组合、机制融合的教育教学团队会发挥更大的功效,从而创新课堂教学、提高教育教学成效和质量。在这样的课堂上,学生学到了知识、掌握了理论、了解了实践、练就了技能,真正拥有走向职场、走向社会的真本事。

(四)课堂是学校联系社会、学生走向社会的重要载体

课堂有广义和狭义之分,狭义的课堂即学校课程教学与训练的场所,具有核心和基础作用;广义的课堂包括了校内社团活动、学生组织活动、综合性实训等第二课堂,还包括了走向社会、面向职场的社会实践、企业顶岗实习等第三课堂。现代意义上的课堂是一、二、三课堂的

有机统一,在课堂教学我们由浅入深、由点到面、由基础到综合、由理论到实践、由知识到实训、由学校到人生、由人生到社会,形成综合性复合性学习链、认知链和学生成长发展链。通过这些链,学生在大致规定的学制内,通过系列课程的学习和训练,通过知识的获取和能力的培养,逐步从普通高中生成长为合格职业人,因此,这些链具有综合功效。

综合上述分析,我们认为,从高职教育的特点和人才培养规律出发,广泛应用现代信息技术开展教育教学十分重要,也是大势所趋;但从深入贯彻产教融合、校企合作、工学结合的要求看,师生面对面的直接的课堂教学和训练仍然是十分重要的。我们仍然要把它作为一项基础性工作来做,在认识和承认其重要性的同时,积极推进课堂教学改革与创新。

三、推进课堂教学创新,促进高职人才培养质量全面提高

理论和实践都告诉我们,课堂教学仍然是教育教学和人才培养工作的重要基础性环节。我们必须重视课堂,更加关注课堂,切实提高课堂教学效率和质量,进而促进教学改革和创新的全面深入,推进人才培养质量的全面提高。

(一)适应内涵发展要求,从关注宏观到关注微观,尤其突出课堂

高等职业教育作为高等教育的一个类型和重要组成部分,已经取得了巨大成绩,规模上已占据半壁江山,现在正走上内涵发展的道路。在这种情况下,我们虽然仍要关心办学模式的改革与创新,关心校企合作长效机制的建设,关注工学结合的有效开展,解决办学方向和办学模式问题。但是停留在这里是远远不够的,在新的知识条件下,我们已经逐步从宏观走向微观,或者说在重视宏观的同时关心研究微观,而微观的较为重要的表现形式就是课程和课堂。重视课堂,就是重视

教师,重视教师在一线的工作;重视课堂,就是重视课程开发和课程建设;重视课堂,就是自觉地把学校工作的重心和教师的注意力引导到人才培养和教书育人方面来,以切实转变高等职业院校的职能和方向,提升办学内涵建设水平。

(二)切实把学校工作重点放在课堂上,以此调动教师、学生和管理部门的热情

课堂是一个综合体,它是学生学习的主要场所,也是教师施展才华的舞台,也应是教育教学管理工作者关注的重点。

(1)通过课堂引导学生学得好。学生的学习有多种途径和多种方式,尤其是在信息化背景下,线上线下、课内课外、校内校外都是途径。但实践证明,作为有计划、系统性的专业知识学习和训练,学校和课堂的学习和训练是较基本的也是较为系统的。重视了课堂,就重视了学生的注意力、引导了学生的注意力。与此同时,对规范学生的行为,增强执行纪律的自觉性,培养学生的集体主义精神和团队合作精神,无疑是有着重要作用的。

(2)通过课堂促进教师教得好。教师被誉为人类灵魂工程师,其基本职责是教书育人,集中于课堂,专注于课堂,提高课堂驾驭能力,增强课堂表演才能,既是教师知识水平的体现,也是教师教育教学艺术的体现,也反映着教师的事业心、责任感和能力水平。一句话,教师挥洒才华尽在其中。正因为这样,引导教师把重心放在课堂是十分重要的,只有教师关心课堂、重视课堂、研究课堂、专注课堂,从思想、行为、心灵、礼仪等各方面重视教学、研究教学,不断提高课堂教学效果,才能促进人才培养质量的提高。

(3)通过课堂推进教育教学管理规范化。教育教学管理规范化是一项系统工程,既有宏观设计也有微观落点,这个落点就是课堂。教学管理人员尤其是教学督导人员把重心投向课堂,共同去探索如何建立良好的教风、学风和校风,这不仅十分重要,而且作用会很明显。课堂的出勤率、准点率,师生的精神状态,课堂上的师生互动,必定是学校校风和管理水平乃至办学水平的综合体现。

(三)以创建好课堂为抓手,努力促进教育教学创新

推进高职教育从规模发展向内涵建设迈进,必须也应该重视微观,重视教学、重视人才培养、重视课堂也是其题中之意。重视课堂是一个综合性系统化工程,需要抓手。以浙江金融职业学院为例,近年来以创建"金院好课堂"为抓手,起到了鲜明的作用。"金院好课堂"是一个理念,它包括了如下要素:一是营造全校重视课堂教学和课程建设的良好氛围;二是引导教师把施展才华、发挥才智的主要舞台投向课堂,以课堂成效作为教师考核的主要方向;三是引导学生把思维和学习兴奋点投向课堂,争当课堂建设和改革创新的主体,在课堂学习中发挥主观能动性;四是重视课堂(教室)信息化条件和人文环境建设,创造一个良好的学习环境;五是经常进行"金院好课堂"教师比赛和达标活动,通过评比和奖励活动,促进课堂教学"赶帮超"氛围的形成;六是重视对教师课堂教育教学技能的培训、培养,促进教师尤其是青年教师在课堂教学提升中实现全面成长和发展。

课堂教学创新是一项系统工程,好课堂建设应该是一个重要抓手。必须立足教师、引导学生、营造全局,以此带动高职教育整体教学创新和人才培养方式创新,探索形成具有中国特色、世界水平的高职教育之路。

参考文献

[1] 刘金泉,等.深化"六位一体"教学改革提升高职教育教学质量[J].

中国职业技术教育,2014(3).

［2］封留才."责任课堂"的教学策略与机制建构[J].教育发展教育,
　　2013(4).

［3］陈卫东.教育技术学视野下的未来课堂研究[D].上海:华东师范大
　　学,2012.

以教学资源库建设为抓手　推动教育教学改革与创新

周建松

摘　要:专业教学资源库是新一轮高等职业教育重要的内涵建设项目,它对推进高等职业教育教学创新与改革发展具有重要的意义,是高职教育界共同关心和研究的大课题。本文回顾了资源库建设的主要历程,研究提出了资源库建设的任务和体系,并就资源库建设对高职教育教学改革的效应进行了思考。

关键词:高职教育　教学资源库建设　改革创新

一、源于示范而又与时俱进的专业教学资源库建设

《教育部、财政部关于实施国家示范性高等职业院校建设计划加快高等职业教育改革与发展的意见》(教高〔2006〕14 号)在关于建设目标任务和主要内容中明确指出,创建共享型专业教学资源库,需求量大、覆盖面广、中央财政安排经费支持研制的专业教学资源库,主要内容包括专业教学目标与标准、精品课程体系、教学内容、实验实训、教学指导、学习评价等要素,用以规范专业教学基本要求,共享优质教学资源;针对职业岗位要求,强化就业能力培养,为实施"双证书"制度构建

专业认证体系;开放教学资源环境、满足学生自主学习需要,为高技能人才的培养和构建终身学习体系搭建公共平台。

从 2006 年以后,关于建设专业教学资源库的概念和命题就在业内受到广泛关注,教育行政主管部门、专家学者和院校教师为此进行了数次的研讨,整个战线的高职院校尤其是国家示范性高职院校都为之积极争取和努力,自由组团、自费建设、积极申报。

经过多轮研讨,教育部、财政部于 2010 年开始正式立项启动,时至今日,已经有立项 56 项,其中 2010 年度立项 11 项,2011 年度立项 9 项,2012 年立项 8 项,2013 年度立项 14 项,2014 年度立项 14 项。中央财政共计投入 301 亿,专业面涵盖了除法律以外的 8 个大类,目前已通过验收的专业有 27 个,参与建设的院校 529 所(次),开发资源 41 万条,建设的重点课程达到 494 门。应该说,高等职业教育的专业教学资源库建设带有明显的探索性和前瞻性,走在了前列、达成了共识,并取得了明显的成效,对教育教学和学习革命也起了很大推动作用。

在推进专业教学资源库的建设进程中,我们的理念也在不断学习和更新,重点和方式也在不断调整。应该说,其始点是源于示范,重心在优质资源共享,后逐步调整为适应信息条件下的认知和学习习惯。主要功能在于推动教育教学革命,基本功能在于辅教辅学,从而更好更全面地发挥专业教学资源库的功能。由于其源于示范,又与时俱进,并不断改革创新,适应了信息化发展要求,从而,教育部不断加大投入力度,保留其为教育部本级项目。

二、全面准确把握专业教学资源库建设的政策要求

高等职业教育专业教学资源库项目建设作为一项源于示范的项目,在新的历史条件下应定义为推动信息技术应用于高等职业教学改革的重要手段,也是信息技术背景下专业教学内涵建设的重要路径。

（一）明确"五个一流"的建设目标

高等职业教育的专业教学资源库应按照"全国一流、国家需要"的目标来建立，国家级的专业教学资源库建设项目应主要面向专业布点多、学生数量大、行业企业需求迫切的专业领域，并在这些领域，经过建设申报和评审，组建一流团队、汇聚一流资源、应用一流技术、提供一流服务、谋求一流成效。按照"五个一流"的目标要求，为全国相同专业的教学改革和教学实施提供范例、共享资源，通过优质教学资源共建共享，推动专业教学改革，扩展教与学的手段与范围，带动教学理念、教学方法和学习方式的变革，提高人才培养质量。与此同时，通过专业教学资源库这种形式，探索学习培训成果认证、积累和转换机制，为社会学习者提供资源和服务，以增强高等职业教育的社会服务功能，提高社会服务水平，推动终身教育体系的建设和学习型社会的构建。

（二）构建"五要素"的建设项目组织

为确保专业教学资源库建设确实能体现水平一流和公平竞争的思想，高等职业教学专业教学资源库建设在项目组织中应系统把握"五要素"，即：

一是统一要求。由教育部会同有关部门制定高等职业教育专业教学资源库建设相对标准化、规范化的要求，明确建设的基本目标和考核检测要求，面向社会公开发布。

二是自愿申请。由各学校根据自身条件，对照部颁统一要求，自愿由本校或联合若干学校和行业企业进行申请。项目既不是学校的附加，也不是哪类学校的责任，而是一个独立的建设项目，完全由各学校自愿申请建设。

三是自主建设。项目一旦申请立项，由牵头学校和项目负责人，按照审定的任务书和资金预算等工作内容，自主进行建设，涉及的资源、目标、内容均以任务书为参照,团队由牵头学校和负责人自行组织,以完成任务和质量达标为要求。

四是择优支持。教育部根据申请项目的方向、建设基础、阶段成果、建设条件、保障方案,选择出优秀项目,认定其为国家级专业教学资源库建设项目,并给予建设经费支持。

五是持续改进。专业教学资源库建设项目,既有阶段性目标,也要有最终目标。一般而言,项目立项后完成项目设定的任务,申请验收。与此同时,作为项目要有后续保证机制,包括推广应用、更新升级、优化提高等,以使资源库能够真正发挥作用。

(三)"五类资源"作为基本建设内容

从资源库的运行及一般要求来看,专业教学资源库应包括如下内容:

一是基本资源。按照辅教辅学的功能定位和"碎片化"资源、结构化课程、系统化设计的要求,应以本专业教学内容与课程体系为前提进行系统设计。以"碎片化"资源建设为基础,以结构化的课程建设为骨架,充分发挥多媒体的作用表现资源的优势,基本资源应覆盖所有专业基本知识点和岗位基本技能点。

二是拓展资源。根据产业发展要求和不同用户的个性化需求,有针对性地开发建设拓展资源,增强资源建设的普适性,拓展资源应体现行业发展的前沿业务、前沿技术和最新发展成果。

三是冗余资源。专业教学资源库的资源应有一定的冗余,力求丰富多样,在数量和类型方面应大大超出提供给课程所有资源,以便学生和学习者自主调用和拓展。

四是资源层次。专业教学资源库的资源应该是有层次的,依次包括素材、课件、模块、课程和课程体系等不同层次。素材是最基本、基础的"碎片化"资源;课件是指以知识点、技能点为单位,多个内在关联的素材结构优化组合形成的资源;模块则是以学生单元、工作任务等项目为单位,多个知识点、技能点结构化组合形成的资源;课程则应包含完整的教学内容和教学活动,包括教学设计、教学实施、教学评价等环节,支持线上线下混合教学;课程体系应包括本专业全部专业主干课程,其建设标准可参照理念。

五是资源体系。专业教学资源库应突出专业和资源库两大特点。就专业而言,它应包括专业介绍、人才培养方案、教学环境、网络课程、培训项目、拓展学习系统和测评系统等。从资源视角看,应明确属性,科学充分地标注,以便学习者调用学习和组合,尤其是在整个资源建设中,应把职业标准、技术标准、业务流程、作业规范、教学文件、工作原理、工作过程等都容纳在其中,当然,案例、题库等也必不可少。

三、怎样以专业教学资源库建设为抓手推动教学和创新

如前所述,专业教学资源库立项和建设的过程就是一个认识提高的过程,推广应用的过程更是一个始终站在前沿的过程。从内涵建设的各个要素看,建设和使用专业教学资源库,对教学改革和创新而言,事关重大、意义深远,正可谓干在实处与走在前列并行不悖。

(一)有利于培养和锻炼第一流教育教学团队

专业教学资源库以"五个一流"为目标要求,应站在全国层面组建第一流团队,而作为牵头单位,在第一流大团队中发挥着牵头和引领作用,更应该是一流中的一流,这个第一流包括了第一流的带头人、第一流的集体、第一流的理念、第一流的创意、第一流的管理等。这一团队进行项目建设的过程,既是相互学习的过程,也是相互启发的过程,自然更是共同提高的过程,整体发展的过程。正因为这样,专业教学资源库建设对团队的培育效应是非常重要和十分关键的。

(二)站在理论和实践的最前沿

专业教学资源库建设强调校校团队合作,重视校企紧密合作,专业教学的资源内容既要站在理论的最前沿,也要站在实践的最前沿,尤其是拓展资源和今后的持续更新,都有一个如何做到与时俱进和紧贴前沿的问题。正因为这样,专业教学资源库既引领学校和教学团队走向前沿,又要求团队走向前沿,从而使教育教学工作始终保持先进性和前沿性。

(三)时刻注意教育技术的先进性

专业教学资源库的建设是基于优质资源共享,基于信息化背景下的认知和学习,它同时也是专业教师和技术人员的协作成果,它不仅要求教师熟知专业,也要求教师熟悉技术,只有专业和技术共同提高,才能把专业教学资源库建设好,应用好。特别是现代科学技术日新月异,教育技术应用也不断推陈出新,如果一个资源库的建设不能把最新技术应用起来,就会被教师、学生和使用者所淘汰。只有技术是先进的,知识是一流的,资源库才是优质的。

(四)学生和用户在任何环境下学习

在单一的课堂教学条件下,教师教学生显得十分正常,教师和学生也因此显得十分无奈。专业教学资源库建成,学生既可在线上,也可在线下,既可在课堂,也可在课余,自主地、有选择性地进行学习。学习的空间增大了,机会增多了,条件优越了,这对真正实现变考生为学生无疑具有重大的推动和促进作用,既调动学生学的积极性,也提高学生学习效率和质量。

（五）持续更新催逼教师永远走在前沿

专业教学资源库的建设有一定的时间性和阶段性,而持续更新和推广应用则是长期的任务。

由于持续更新的要求,客观上要求教师队伍建设紧紧跟上,如何组建一个老中青相结合、理论与实践相结合、专业与技术相结合的教学和工作团队,既至关重要,又势在必行,这就促使学校必须建设和形成这样的机制,以适应未来教育改革和创新发展的需要。

综上所述,我们认为,专业教学资源库建设,看似是一个局部项目,实则是全局性大事,抓住了专业教学资源库项目,就会带动和推进教学革命、学习革命,促进人才培养质量提高,促进和推动师资队伍建设,促进学校信息化推进和信息技术进步,进而促进学校管理水平的提高从而不断提高学校治政理校水平。

参考文献

[1] 郭福春.泛在学习视阈下我国高职院校专业教学资源库的建设与思考[J].中国高教研究,2012(10).

以教师教学发展中心建设为平台
促进教育教学质量全面提升

周建松

摘　要: 在构建现代职业教育体系的历史进程中,高等职业教育不仅被赋予了结构优化功能,而且进入了以提高质量为中心的内涵建设新阶段,因此如何推动教育教学质量提高就成为重要而紧迫的问题。世界各国共同的经验表明,重视教师教学发展和职业生涯设计,是正确的、明确的选择,而建设并运用好教师教学发展中心,则是重要的途径。本文在研究国内外本科院校经验的基础上,结合高职教育特点,提出了独立的思考。

关键词: 教师教学发展　　教育教学质量　　高职教育

经过近 20 年高等教育大众化的持续推进,我国高等教育规模扩张和外延发展的任务已基本完成,高等教育已进入内涵发展的新阶段,重视结构优化、重视体系构建、重视文化建设、重视特色化专业学科培育、重视课堂和课程教学创新已经成为主要内容。对经过快速发展的高等职业教育而言,尤为如此。在众多提升高等教育教学质量的路径中,教师的教育教学能力及其对课堂教学的创新无疑是最有意义的。

一、教师教学发展中心建设是推动教师教学发展的重要抓手

(一)建立教师教学发展中心的现实意义

也许有人会说,教师的发展问题事实上各学校各部门乃至全社会一直在解决,如学校的人事处开展的学历提升,教务处组织的业务培训,工会开展的技术比试,信息中心组织的新技术培训,科研处组织的课题申报培训等。也就是说,教师发展的途径十分广泛。

而我们所说的教师教学发展是一个比较狭义的针对性的概念和范畴,它是特指通过有组织、有针对性、专业化、系统化的培训和激励,帮助教师更好地胜任角色。实际上,对大学教师的职业生涯规划设计和指导,有利于教师生涯发展更全面,人生发展更富意义。从职业性的维度来讲,高职院校本身就是以服务区域经济发展和产业转型升级为

目的,以培养面向一线的高技能、复合型人才为主要使命的院校。职业性也因此成为高职教师专业发展中最为核心也最为社会各界广泛认同的一面。

(二)教师教学发展中心的功能定位

纵观国内外众多高校的经验,教师发展机构确实具有不同名称,从而也被赋予了不尽相同的职能。但作为一个高等教育教学中带有共性的机构,其大致应有规律性的东西,即教师教学发展(促进)中心,且其职责和职能也应大致相同。

(1)教师教学发展中心是教师专业发展的专门机构。即它既不是纯粹的行政机构,也不是纯粹的学术机构,而是将行政机构和学术机构的性质有机地融为一体,进而发挥行政与学术的双重优势,有效地履行促进教师专业发展的职责。

(2)强化教师教学专业认知是第一位的职责。从表面上看,提高教师及教学能力和水平是教师教学发展中心的首要职责和主要任务,其实提高教师的教学能力和水平,从根本上看,是把教学作为一个专业来进行认识,并掌握其根本方法和基本规律,掌握教师这个职业乃至工种的专门知识、专门能力和专门方法及专门技巧,即基于职业化的专门训练。

(3)提升教师教学专业伦理是极为重要的任务。专业伦理是专业群体的行为规范与伦理标准,其主要目的在于促进教师更好地履行职责。在教师从事教学的过程中,如何处理好教师与学生的关系、课堂内与课堂外的关系、知识与能力的关系、是什么与为什么的关系、教书育人与教学相长的关系等,对于每一位教师而言,这是需要认真修好的一门课程,而且必须与时俱进加以推进。

(4)促进教学水平和人才培养质量的提高无疑是直接目的。教书育人是人民教师的根本任务,而通过强化提升教师教学专业认知和伦理,通过教学培训,使教师知识更新、技能提高、方法优化,更能因材施教,从而更好地解决好教师在提升职业道德基础上的师能与师艺问题,更好地解决学生培养中知识、能力与素质统一问题。正因为如此,教师教学发展中心首先必须是为了教师,进而为了学生的健康成长和成才,最后达到提高人才培养质量,推进教育事业发展的目的。

二、高职院校教师教学发展建设的具体行动策略研究

根据前面分析,我们认为,在高等职业教育内涵提升阶段,建立教师教学发展中心不仅必要而且富有意义,应该积极加以推进。高职院校的教师发展中心,其核心内涵应该是以培养和提升高职教师专业发展水平,实现高职教师的理论知识、实践技能、应用研究之间深度融合为内容的专业性组织。

(一)采用行政推动和学校自主相结合的模式

鉴于内涵建设阶段教师教学中心建设的重要性,教育部已经启动实施了本科学校教师教学发展中心建设项目,并采用经费资助的形式加以推动。实践证明,这种行政推动和经费资助的方式,对明确行动导向、调动学校的积极性能起到很好的促进作用。高等职业教育作为我国高等教育的重要组成部分,又处于构建现代职教体系的关键环节,提高高等职业教育的质量,对提升我国应用型和技术技能型人才培养质量意义十分重大。因此,作为落实《国务院关于加快发展现代职业教育的决定》的重要内容,应在巩固"国培计划"和"省培计划"成果的基础上,实施"高等职业教育教师教学中心"建设计划,将其作为新一轮高职教育内涵建设的重要抓手之一积极加以推进,以此引导整个高等职业教育战线重视教师教学发展工作,引领更多学校真正落实。

（二）采用委员会领导职能机构的运行模式

目前,各高校的教师教学发展中心,情况各有不同,有作为人事部门下属机构的,有作为教务部门下属机构的,有作为科研部门下属机构的,也有直接作为学校一级机构的,我个人认为,这些都有道理,但从理想角度看,学校应建立一个教师教学发展指导委员会,由院长直接"挂帅",分管教学和人事工作的副院长任副主任委员,有关方面如教务处、人事处、科研处、财务处等部门为成员单位,在委员会的统一领导下,组织实施工作。如能作为一个直属一级专门机构,则效果很好;如果因为职数编制等原因,也可以作为直属一级半机构挂靠教务部门,因为它毕竟是教师教学发展问题;当然从帮助教师进行职业生涯规制设计角度看,也可作为一级半单位挂靠在人事部门,具体可由学校选择。

（三）采用专兼结合以兼为主的队伍组织形式

由于教师教学发展中心的主要任务是对教师进行职业生涯的设计指导、教学的专业化培养与培训,因此专业性和经验性二者都十分重要,需要配备一定的力量进行工作。也就是说,需要有一定的专职人员,而且是有专业和经验的专职人员。与此同时,由于学校教师尤其是青年教师数量众多,专业分散,需求多样,因此,支持满足条件和要求的指导教师队伍也应由多方面人才组成,这就要求选配众多的兼职教师作为教师教学发展中心的教师。从高职院校的特点和要求出发,主要应包括:一是校内的兼职教师,主要是指有经验的老教师或者是有教师教学专业背景的老师;二是指其他高等院校、教师培训机构的专家和学者作为指导老师;三是从专业角度看,还需要聘请来自行业企业的业务专家组成指导团队。总之,教师教学发展中心在组织上应该是小专职、大兼职的开放式团体,小专职具有一定行政属性,大兼职具有学术属性,而教师相互之间的学习也是非常重要的。

三、努力提高教师教学发展中心的工作成效

从全国范围看,我国高校建立教师教学发展中心的学校也不在少数,且有进一步增加的趋势。但从调查反馈看,不少学校出现教师教学发展中心形同虚设乃至形式主义的情况,甚至不能受到教师的欢迎。在全面进入提高高等教育质量的关键阶段,必须加强这一领域的建设,并切实提高教师教学发展中心的建设工作成效。

(一)以"校校成功"的高职教育发展目标战略作为支撑

营造人人皆可成才,人人尽展其才的环境,这是今后一个阶段职业教育的重要指导思想和重要任务。而要实现这一目标要求,必须构建起"校校成功"的目标战略。只有"校校成功",才能促进教育均衡,只有"校校成功",才能普遍保障和提高教育教学质量。而要实现"校校成功"和学生"人人成才"的目标,必须推动"师师精彩",只有"师师精彩",才能帮助和指导学生"人人成才",进一步支持和创造"校校成功"。

正因为这样,教师教学发展中心的建设,推动了"师师精彩",助推了学生"人人成才",对实现"校校成功"的目标具有重要意义,这也正是加快建设具有中国特色、世界水平的现代职业教育体系的有力之举。

(二)坚持独立设置机构的建设目标

前面已经说过,从理想化的要求看,应该建立委员会指导(领导)下的独立性机构设置,而从世界各国和我国高等学校现实情况看,凡独立设置教师教学发展中心的学校,一般都办得比较好,而附属性机构容易受其他中心工作影响。因为,独立性机构设置首先给人以重视的感觉,同时也便于考核,方便下达和落实任务。当然,独立性机构设置时,配好专职人员,选好兼职专家也十分重要。

（三）努力打造学术性交流平台

教师教学发展中心要真正办好办出成效,必须从行政推动起步,朝着学术性方向发展。如果说行政推动,往往使老师陷入被动,疲于应付和被考核;那么,学术性的存在和发展会使教师真正感到有收获、有帮助,对其职业发展和教育教学有益,进而形为自觉乃至留恋和依赖,这样,教师教学发展中心就能拥有较强的生命力和美好的发展前景。

（四）构建校内外互通合作交流机制

高职院校教师首先要明确高等职业教育的培养目标,树立现代职教理念,树立高职特色的教学观、质量观和人才观。教育观念的转变是提高教学质量的关键,可以通过专家培训、专题讲座、工作坊、习明纳等方式进行;而教学观察、模拟教学、课堂录像、教学研讨等则可以让教师深入教学实践进行行动体验。教师教学发展中心要增强吸引力、增添魅力,必须拓展指导专家的来源和渠道,从而为每位教师提供更多的学习机会。因此,各学校教师教学发展中心之间应该构建一个共建共享联盟,推荐共享指导教师,这是十分有意义的。

新型本科:国家示范性高职院校发展的新路径

周建松

摘　要:加快发展现代职业教育应探索形成一个面向应用、注重实践的职业化人才培养体系,切实优化技术技能人才培养结构,这需要建设一批新型本科高校。笔者认为,通过一定程序、放开一定政策,把全国百所示范性高职院校乃至另100所骨干高职院校升级为新型本科学校是切实可行之路。

关键词：新型本科　示范性高职院校　人才培养

随着十八届三中全会所确立的全面深化改革战略的有序推进，教育领域综合改革的命题引起了越来越广泛的关注和重视，如何以教育改革的新成果支持和支撑我国经济的转型升级和社会的和谐建设，进而为全面建成小康社会提供强大而合理的人力资源保障和人才支撑，其中重要的是要在继续扩大高层次人才供应的同时，切实优化高层次人才的培养结构。而大力发展高等职业教育，加快发展现代职业教育乃题中之意。其中提升职业教育的层次，不失时机地以国家示范高职为基础建设一大批新型本科高校，应该是我们必须认真研究和切实解决的新课题。

一、当前我国高等教育在结构上与经济社会发展存在脱节

改革开放以来，我国的社会主义现代化建设有了快速的推进和发展，经济社会也在不断协调中和谐地运行，尤其是世纪之交，中国做出高等教育大众化的决策以后，我国的高等教育改革发展取得了巨大的成绩，较好地适应和满足了社会主义现代化建设对高层次人才的需要，满足了人民群众上大学的愿望。与此同时，通过大力发展高等职业教育和推进高等教育教学的改革，也优化了人力资源的供应结构，在一定程度上对改善我国高层次人才结构，解决学以致用问题，提高高等教育人才培养质量和人力资源绩效产生了重要而积极的影响。但我们必须清晰地看到，从国家经济社会发展对人才的需求而言，我国高层次人才无论是总量还是结构，都还存在着这样那样的矛盾，而结构性矛盾的根源很大程度上在于我国高等教育结构的不合理和人才

培养模式的不适应,对此,必须引起高度的重视。

首先,现行高等教育普遍遵循学术本位。新中国成立后,我国高等教育的发展大致经历了四个时期:建国初期的改造利用阶段,由旧中国的高等教育改革为我党培养社会主义革命和建设的高级专门人才;"文革"时期,高等教育遭受严重破坏和摧残阶段,作用得不到有效发挥;改革开放和恢复高考制度后,高等教育重新恢复生机和改革创新阶段;世纪之交的高等教育大众化阶段,高等教育有了空前的大发展。经过四个阶段的演变,尤其是第四阶段的建设和发展,我国基本形成了穷国办大教育的格局,高等教育的规模和数量也成为世界之最。在这过程中,我们也曾研究并提出了高等教育的分类管理,即把我国的高等教育分为四个类型,研究型、教学研究型、应用型(教学型)和高等职业教育(高职高专),或从国家的具体管理政策看,又有"985""211"等项目,进而人们把学校又分为四五类,如:"985"高校、"211"高校、一般高校、新建本科和高职高专学校。一些地方尤其是"985""211"学校比较少的地区,为了加快提升本地高等学校的水平,又实施了地方高水平大学建设办法和省部共建的方法,使我国的高等教育门类林林总总,但无论如何,从教育行政管理部门的评价体系和高等学校自身的努力方向而言,都是以学术评价为最高乃至唯一标准。拥有多少重点学科,多少重点实验室,多少博士点、硕士点,多少国家自然科学基金和国家社科基金项目等,这些仍是最重要的乃至决定性的标准。正因为这样,无论是学校、院系,还是教师本人,都以学术为追求方向,这本身也没有错,但它在事实上忽视了对人才培养工作的重视。

其次,面向实践和应用的高等教育尚没形成好的气候。应该说,从形式上看,这几年我国已经开始有了面向实践和应用的高等教育,主要表现在两个方面,一是经过十几年的发展,我国已建立起1200多所高等职业院校,规模上已占据"半壁江山";但毋庸置疑的是,它虽被冠以一个类型,但实质为专科层次,因而难以达到社会各方的认同。农民子女、贫穷家庭报考是其基本特征,就读高等职业院校乃考生和家长无奈之举也是真实写照,尤其是在全社会招工用人本科标准和本科情结及文化的背景下,这些学生从进入学校的第一天起就有一个专升本的冲动和目标,而且80%以上的学生在校期间就在实施,面向实践和应用的技术技能型人才培养效果大打折扣。二是我国高等教育大众化后新建立和专升本的本科学校,在学术界把它定义为地方应用型本科学校,主要为区域经济社会发展培养应用型高等人才,但在事实上,这些学校在暗中或明中仍将抓学术、抓学科等作为工作目标,面向实践和应用的属性并不明显。从2013年开始,在教育部力主及倡导下建立了应用型高校转型发展联盟,但其成效似乎也不尽如人意。

二、解决结构矛盾的关键是建设一大批新型本科高校

经过高等教育大众化政策后,我国高等教育在总量上的不足已不再是突出矛盾,而关键是结构性矛盾;要实现2020年全面建成小康社会的目标,实现"两个一百年"和中华民族伟大复兴的中国梦,必须不失时机地推进全面综合改革,加快中国特色城镇化建设步伐,推进经济社会又好又快地发展;而这一改革发展的诸多要素中,人力资源的总量和结构又是至关重要的。

(一)大学生就业难和用人单位招工难并存的现实

随着我国高等教育大众化政策的推进,我国自1999年开始了高等教育的扩招政策,紧接着,从2003年开始,国务院和教育部每年都要召开大学生就业工作推进会议,大学生就业难的情况几乎与高等教育扩招和大众化同步出现。据统计,目前我国高等职业教育的就业率大大高于普通高等教育,为此,国务院有关部门和教育行政主管部门采取

了许多积极的措施，但大学生就业难的问题似乎越来越严重；与此同时，许多用人单位不断喊出口号，希望找到合适的高层次人才，甚至开出高价，希望招收高层次实用人才。这种严重的结构不匹配和不协调状况，需要引起深思：它除了与社会观念和大学生就业观念有关以外，与我们的教育结构和人才培养模式也有关，也就是说，社会需要的是"行为操守好、动手能力强、岗位适应快、忠诚度高"的高层次实用人才，而我们的学生大多具有较丰富的理论知识，但实践能力和动手技能很弱，对基层一线和基本工种的适应力也不够强。

（二）国家尚未形成一个面向应用、注重实践的职业化人才培养体系

如果要追溯问题的本源，新中国成立后，我国的高等教育在规模上发展很快，但从根本上看，始终没有从重知识、轻实践，重学科、轻专业的桎梏中解放出来，从基础教育的应试教育到普通高校的知识重复，我们在创新教育、实践教育等方面还没有找到一条切实可行的道路。2006年开始实行的国家示范性高职院校建设项目及其由此推动的开放办学和校企合作的办学体制机制建设，以专业建设为龙头、课程改革为核心、"双师"教学团队为重点、工学结合为抓手的人才培养模式改革，形成了积极的效果，也产生了一定的影响力，但能否建立起持久的机制，发挥真正的推动作用，目前还不得而知。从当前看，国家示范的热潮似有退去之嫌，不少媒体已贬称国家示范性院校目前集体遇冷。应用型学校转型发展联盟已经成立，且初步产生了一定影响，但尚属"只听冲锋号，不见枪和炮"的状态，真正的考评和指导政策还在研讨之中，还值得期待。上述分析表明：如何真正从中国特色社会主义现代化建设出发，深化高等教育综合改革，打造一个以面向应用、注重实践、培养职业化专业性技术技能人才为主的人才培养工作体系，是我们要研究的重大问题。

(三)建设和发展几百所新型本科高校是重大的战略选择

众所周知,中国高等教育已经实现了规模上的跨越式发展和数量上的极大扩张。据不完全统计,全国的高等院校数近 2000 所,应该说数量不足的矛盾已经缓和,而结构性矛盾仍相对突出,如何从向规模要质量转到向结构要质量已经成为一个重大课题,而解决这一问题的方法应该是建设一批新型本科高校。

新型本科首先是指本科层次水准的高等学校,它主要实施高中后教育,如果按当前基础教育学制政策,它主要针对 18—22 岁适龄青年进行教育和培养。

新型本科的基本特征是职业化和应用性,面向经济社会发展主战场和第一线,尤其是中小企业和"三农"领域,坚持职业化培养,注重实践和动手能力,以"行为操守好、岗位适应快、动手能力强、稳定度高"为主要特征。

新型本科主要突出区域性或专业化特征。区域性特征是指学校主要是为本区域经济社会发展服务,强调面向区域招生为主、面向区域就业为主、面向区域服务为主、传承区域文化为主。专业化特征是指这类学校以相应的产业链和行业管理服务为主,突出产教深度融合、对接产业链满足服务行业和行业内企业发展急需,学生具有较强的产业和行业文化因子,具有较高的职业意识、职业理想和职业操守,学校具有较强的行业性文化。

新型本科可以新建,也可以通过改造和转型建立,包括目前的普通本科学校转型发展,也可以是目前的优质高职院校升级发展,可以采用多管齐下的途径来解决。

新型本科需要足够的数量和相当的规模,几百所乃至上千所是一个基本的判断,因此,地方应用型普通本科学校的转型发展和国家示范性高职院校的升格发展应该是两条同步之道。

建立相对独立的管理体系是解决问题和推进工作的重要路径,教育部分设成立高等职业教育司或高教二司,应该是一个重要举措,必须用改革的思维和解放思想、实事求是的作风切实推进这项工作。

三、国家示范性高职院校应是建设新型本科高校的重要力量

关于如何建设一批新型本科高校的问题,至今尚未达成共识,有关部门和有关领导,从不同角度分别提出了普通本科高校转型发展或举办本科层次高职教育等提法、概念。笔者个人认为,还是以建设一批新型本科为宜,新型本科不同于传统本科,主要基于职业化和应用型培养,它属于本科层次,而举办新型本科学校的方式,应该包括地方新建本科学校转型,独立学院模式构建和高职院校升级,其中国家示范性高职院校应该是新型本科的重要力量。

(一)国家示范性高职院校是应用型、职业性高等教育的最早实践者和创新探索者

如果说高等职业教育在比较早的时间里就高举类型特征旗帜的话,那么坚持服务为宗旨、就业为导向、走产学研相结合道路就是这个旗帜的最初诠释,而培养生产、建设、管理、服务第一线的高素质技能型人才则是高职教育的重要定位,国家示范性高职院校建设计划从一开始就在坚持其理念和定位的基础上,强调开放办学、校企合作,强调依托行业、服务地方,强调工学结合、学做结合,强调顶岗实习、工作经历,这些都是我们要研究的新型本科的重要特征和主要内容。国家示范性高职院校经历了多年的实践,已初步形成宝贵经验和长效机制,在这样的基础上推进和建设新型本科应该是顺理成章,能够在短时间内取得明显效果的。

(二)国家示范性高职院校的办学条件和办学水平已经有明显改善和提高

国家示范性高职院校大多由老专科改造和重点中专升格而来,经过至少 10 多年的发展,这些学校现代化校园和教学条件已经形成,教学设施有了明显改善。更重要的是,其以生为本的办学理念十分牢固,依托行业企业办学的意识十分明确,为行业企业和地方服务的机制已经建立。这些学校不仅形成了一个兼职教师的聘用机制,而且专职教师的理论水平、教学能力也有了显著的提高,"双师"素质加强。绝大多数示范性高职院校已具备了成为新型优质高校的六条标准,即:一个现代化的校园与一大批理念认同的校外基地的有机统一;一支数量充足、水平较高的专任教师队伍和一大批质量合格、机制有效的兼职教师队伍的有机结合;一个相对充裕的财政拨款机制和学校较强的服务创收能力的有机统一;高质量的学历教育质量保障体系和多路径、全方位的社会培训体系的有机统一;较高的毕业生初次就业率和学生在岗位上具有较强可持续发展能力的有机统一;教师具有较高水平、稳定保障的福利收入与众多成名成家机会和平台的统一。

(三)升格发展为新型本科高校是示范性高职院校实现可持续创新发展的重要条件

毋庸置疑,从 2006 年开始的国家示范性高职院校建设,极大地调动了政府部门和行业企业的积极性,激发了全国高职院校的热情,对推动高职教育、带动中职教育、触动本科教育改革也产生了巨大力量,但项目结束,尤其是体制调整后,也由于学历层次等因素,国家示范性高职院校似乎面临着发展受阻、创新乏力的困境,这已经引起了学界的担心和担忧。要把示范性高职院校建设成果巩固好、发展好,并保持其强盛的可持续发展势头,继续给整个战线以榜样,我们要对照条件、因势利导,研究其改革建设之道、创新发展之路,而从建设现代职业教育体系,全面提高高等教育质量和促进高等教育结构优化等多重的立体意义上看,通过一定程序、放开一定政策,把全国百所示范性高职院校乃至另100所骨干高职院校升级为新型本科学校是切实可行之路。让其走新型本科之路,既不是按传统老办法和老标准批建本科,也不是不给其出路和通道。只有这样,才能保证改革成果不夭折,改革创新生机勃发。

创新发展高等职业教育的经济学思考

周建松

摘　要:创新发展高等职业教育是当下一个十分重要的命题,从经济学角度去思考这一问题,正确把握需求,研究供给改革,具有重要的意义,本人对此做了分析和思考,并提出相应的对策。

关键词:创新发展　高职教育　经济学

2014年,在全国职业教育工作会议上,国务院印发了《关于加快发展现代职业教育的决定》(国发〔2014〕59号),其中,把创新发展高等职业教育摆上了重要位置,随后,教育部于2015年下发了《高等职业教育创新发展行动计划(2015—2018年)》,关于创新发展高等职业教育的讨论和研究随即成为热点,在这期间,中央反复强调经济社会发展进入新常态,要适应并引领新常态、中央近期又提出供给侧结构性改革,以此构建中国特色的马克思主义政治经济学。把这些思想联系起来,我们经常说高等职业教育不仅具有高等教育属性,还具有职业教育属性,更具有跨界性特点,办好高等职业教育不仅是教育,而且是经济和民生。正因为这样,讨论和研究创新发展高等职业教育,显然既要有教育视野,也要有教育自身的带有规律性的考量,与此同时,为使宏观上更适应、中观上更契合,我们是否应该有更广博的视野,从经济学、社会学、文化学等视野,关注和研究我国的高等职业教育存在、生存和发展的理由和价值,进一步从供需对接出发,研究如何布局总量;安排层次;优化结构;提升质量,增强适应性;提升贡献度,本文拟从经济学视角做些思考。

一、从经济学视阈看:高等职业教育诞生的原因在于强烈的社会需求

众所周知,我国的高等职业教育产生于 20 世纪 80 年代初期[1],以金陵职业大学为代表的 126 所短期职业大学,是我国高等职业教育的前身,成为我国高等职业教育的雏形,从短期职业大学的初创和建设,到高等职业教育作为类型的确立,再到高等职业教育成为我国高等教育的重要类型,高等教育的半壁江山,成为现代职业教育体系的重要环节,成为我国高等教育结构优化和类型丰富的重要的有机的组成部分。经历了三十多年的历史,其间教育界的讨论一波三折,社会的风向也是跌宕起伏,尤其是八十年代初期的"三不一高"政策,以及教育部作为最高教育行政主管部门的徘徊政策,高职教育这个新生命差点夭折,然而,高等职业教育这一走读,无固定校舍,无稳定师资,无经费支持,不发统一内芯的毕业证书的教育类型,却顽强地生存下来了,而且发展得很快,也很不错。这期间,除了许多教育界有识之士的开明,一些创业者的顽强外,其深层次的原因应该在于需求,在于强烈和巨大的社会需求,正因为这样,才有了"野火烧不尽、春风吹又生"的良好局面。

第一,改革开放初经济建设为中心的发展政策需要大批应用型技术技能专门人才。十一届三中全会开启了我国经济社会发展的新征程,改革开放成为这个时代的主旋律,经济建设成为这个时代的中心

工作,国家百废待兴、百业待举,现代化建设新征程需要大批德才兼备的高等人才,其中包括学术型人才、管理型人才和技术技能型专门人才,而且,从某种意义上说,面向经济建设主战线,面向工业、农业等行业一线的职业化、专门性人才严重不足,就当时的质量理念而言,满足急需是最大的质量,人才适需逐步成为后续的质量理念,这是高等职业教育发展的需求因素之一。

第二,改革开放后一批又一批高中毕业生具有接受高等教育的强烈需求。与人才不足相对应的是,由于实行知识青年回城政策,再加上我国高等教育长期实施精英化政策,高等教育毛入学率相当之低,广大适龄青年(主要是高中毕业生和返城知青)具有接受高等教育的强烈需求,这使在传统的高等教育招生数量十分有限的情形下,采取走读等形式的短期职业大学应运而生,可以这样说,职业大学在当时较好地满足了适龄青年就学或者说接受高等教育的需求,这是高等职业教育发展的需求因素之二。

第三,基于人才结构需求的高等教育结构需求。在经济社会发展对人才的需求中,总是有结构的,以前人们习惯称之为"金字塔"形的结构,这是一种粗放的人才分布结构,也即具体操作型、操作管理型、管理型之间形成层级和层次关系。如果从更细分的角度看,一个国家的经济社会发展,既需要一大批科研领军和学术型人才,也需要一大批高级管理人才,而其中相当比例的则应该是技术应用型人才,他们能够将设计师设计的图纸转化为生产,并组织生产,能够打开和开拓产品市场,进行销售,实现产供销有机衔接,这类人才,就是我们所说的高素质技术技能人才,在国民经济和社会发展中,这类人才应是大量的、必需的,这就为我国高等职业教育大发展提供了需求空间,而且,随着技术的进步,产业的升级,还会有新的变化,这乃需求因素之三。

二、供给与需求的均衡规律及其在高等职业教育中的适用性

教育均衡是经济均衡的发展和移植，它是由于人类教育资源的稀缺以及现有教育资源配置不均衡、不合理而引出的一个概念。从一定意义上讲，教育均衡是人们相对于目前存在的教育需求与供给不均衡的现状提出的教育发展的理念[2]。应该说，无论从哪个角度看，我国高等职业教育的大发展源于需求，而经济社会的进一步发展对高等应用型人才仍然有巨大的需求，然而，现实生活的情形，确实需要研究人才的供需均衡问题，或者说人才供需均衡规律对教育领域的改革和发展也具有同样的适用性。

第一，来自人才市场的综合反馈。关注和研究我国近年人才市场的人士都有一个共同的感受，一方面是用人单位找不好优秀适用的人才，另一方面是大学生找不好工作。这就形成了一个二律背反，也成为现实生活中的一个真实写照，其实，如果把它放到经济学层面和供给均衡层面上分析，答案就非常容易找到，那就是供给与需求的不均衡、不匹配、不协调，这对社会来说，是一种资源浪费，对个人来说是一种机会损失乃至人生误导，从全要素生产力角度看，我们必须研究人才培养的适需性，研究教育结构与国民经济结构的匹配性。

第二，人才市场失衡的原因分析。应该说，造成我国人才市场失衡的原因是多方面的，从高等教育内部讲，由于长期以来奉行大学生是天子骄子，大有"皇帝女儿不愁嫁"的想法，无论学校还是个人，对如何适应市场需求改革教学内容和教学方法，调整和优化专业学科布局结构动力不足，尤其是相当一部分高校尚未从"象牙塔"里走出来，不顾自身条件追求所谓的学术立校，从而使自己培养的学生难以与市场需求对接，相当一部分新建本科学校，也有一定程度上的追求学术化倾向，

甚至在高等职业院校中,也有学术过热、过高、过虚的情况,这种情形,加剧了人才市场供需不均衡。

第三,解决失衡、实现均衡需要推进供给侧改革。如何来解决我国人才市场的协调、匹配和均衡问题,我们应当进行系统分析,但也应从教育自身找原因,从当前实际情况看,供给侧理论是解决这一问题的重要指导,供给侧改革是一个经济学术语,原意是指从提高供给质量出发,用改革的办法推进结构调整,矫正要素配置扭曲,扩大有效供给,提高供给结构对需求变化的适应性和灵活性,提高全要素生产率,更好满足广大群众的需要,促进经济社会持续健康发展。这实际上是说,供给侧改革最重要的使命是结构和质量,联系我国高等教育的实际,联系人才市场的状况,应该说质量是永恒的主题,结构是时代的关键,我们必须用这样的理念和思维,不失时机地推进高等教育的结构性调整,全面实施高等教育质量工程。

三、用供给侧改革理念思考高等职业教育创新发展

用供给侧改革理念思考高等职业教育的创新发展,必须把我国的高等职业教育放在高等教育和职业教育的大格局中加以认识,具体地说:

第一,我国高等教育的总体结构问题值得重视和关注。高等教育的结构问题包含有十分丰富的内容,如层次结构、类型结构、区域结构、专业结构等,都是这个系统必须研究的重要范畴,从类型和层次结构看,鉴于我国本科以上层次的普通教育规模已经较大,从 2011 年开始,国家强调要在今后一个阶段保持均衡,而增量部分主要用于高等职业教育,应该说,这是十分明智和正确的。正因为这样,在全面建成小康社会的决胜阶段,在研究规模数量、培养质量的同时,重点关注结构问题,注重结构优化和调整是十分重要的。

第二,我国高等职业教育的区域结构仍有优化的空间。自世纪之交,国家做出高等教育大众化并下放高等职业院校设置审批权以后,我国的高等职业教育得到了前所未有的大发展,不仅大多数省(厅)属中专实现了升格办学,而且一个地(市)一所高职院校的目标也正在实现之中,但从总体情况看,高等职业院校过多集中于省会城市、中心城市的情况仍非常突出,一些城市尤其是三线城市高职教育的力量仍然较弱,这不仅不利于现代职业教育体系的构建,也不利于我国经济社会的均衡发展,应该采取积极有效措施切实加以推进和推动。

第三,我国高等职业教育的专业结构优化值得期待。高等职业教育的主要任务是培养生产、建设、管理、服务第一线的"下得去、用得上、留得住"的高素质技术技能人才,现代农业、先进制造业和现代服务业是其生存和发展的基础,服务三农,服务中小区域,服务民族地区、边远地区和贫困地区应该是发展重点,尤其是三线及以下城市的高等职业教育,更应面向"三农"和中小企业等下功夫、出实效,与此相适应,为"三农"、先进制造业,现代服务业而设置的专业应该有更大更好的发展,面向基层一线、适应基本工种、从事基本业务的岗位的专业应有更大发展,即使是同一种专业,应该在突出基层线上见行动。

第四,高等职业教育的质量提升也是经济学的重要视角。事实上,供给侧改革的理念强调的一是结构,二是质量,当然,结构也是质量,而从高等职业教育自身发展看,无论是区域还是类型层次,质量问题必须重视,同一个专业也有如何合理定位、办出特色和水平的问题。如何正确处理好素质教育与专业教育的关系,如何优化教学内容,推进教学方法改革,均大有文章可做,重点抓好以优化课表、抓实课程、做好课本、搞活课堂、丰富课余、发展课外为主要内容的微观教学改革,向特色要质量,向适应要质量,向发展要质量,是大有文章可做和潜力可挖的,关于这一点,学生有期待,社会有期盼,我们应努力。

四、基于经济学理念的若干创新发展举措评析

根据《国务院关于加快发展现代职业教育的决定》,教育部拟定了一系列推进职业教育教学改革、提高人才培养质量,提高院校管理水平的文件,《行动计划》便是其中重要的文件之一,《行动计划》从抓落实、求实效的角度,提出了 65 项任务和 22 个项目,其中本科层次职业教育、现代学徒制人才培养、优质高职院校建设、集团化办学、骨干专业建设等特别令人关注,下面从经济学视角做些评析。

(一)关于本科层次高等职业教育

本科层次高等职业教育,应该是最为敏感、最受关注,也最为纠结的一个话题,毫无疑义,从增强和提高高等职业教育对经济社会发展及产业转型升级的适应能力看,无疑是十分必要的,这既有利于满足用人单位的需求,满足受教育者的需求,同时,又有利于调动供给端的积极性,优化供给端的资源配置和整合能力。而且,它对优化和调整我国高等教育的结构,更好地发挥高等职业教育在现代职业教育体系中的核心和牵引功能,亦具有重要作用,应该加大力度加以推进。作为本科层次的技术教育,高职本科与普通本科区别明显[3],国家教育行政主管部门应该在加大推进应用型本科转型发展的同时,积极创造条件允许部分高水平专科高职院校举办本科职业教育,形成双管齐下办职业教育本科的格局,从某种意义上说,让一部分条件较好的高职院校去办本科层次高职教育更符合"又好又快"的精神。

(二)关于现代学徒制人才培养

现代学徒制的特点是招生与招工统一,育人和用人统一,毫无疑义,对增强人才培养的针对性、适需性,它对调动和整合企业和社会资

源参与高等职业教育的人才培养工作是极有意义的,现代学徒制作为一种培养制度,从制度上把校企合作联合培养人才固定下来,并把培养人才与使用人才结合起来,这从经济学意义上说,属于资源配置最优、资源配置效率最佳,应该积极鼓励,大力推进。

(三)关于集团化办学

集团化办学是职业教育办学体制机制建设的高级形态,它有两种情形:一是校企合作培养人才而形成的集团;二是以优质教育资源带动普通教育资源的集团。其实,在现实生活中,这两种相结合的职业教育集团,无论属于哪一种形式,都是为了统筹使用和利用各种资源,提高资源使用和利率效率,对优化办学结构,提高人才培养质量,无疑是非常有利的,不论是松散的,还是紧密的,只要能有明确责权利为纽带,都应予以提倡和鼓励。

(四)关于混合所有制办学

混合所有制办学,是国家运用经济改革理念鼓励职业教育做大做强的重要路径,在党的十八大率先破题,并在全国职业教育工作会议进一步推动,尽管对此问题,目前仍众说纷纭,也尚难找到有效的实践。但笔者以为,混合所有制的初衷,就是要进一步调动社会力量和社会资源投入到职业教育领域去,这无疑是有积极意义的,而且,混合所有制的推行,对优化治理结构,推动治理能力和治理体系现代化建设会也会有较大作用,应该尽快制订办法,加快推动,并赋予配套和优惠政策。

(五)关于优质高职院校建设

优质高职院校建设是继百所国家示范性高职院校和百所国家骨干高职院校建设的又一大兴奋点,采用激励先进的方法,给整个战线以示范和标杆、榜样,并持续触动高职群体的争先创优,应当是一种可行的方法,问题在于,优质不是一个很高层次的概念,与优质相对应的不够优质或一般,如果这样,优质的数量是否应进一步扩大,或呈现为全国优质、省优质等层次更科学一些,也利于推进工作。

(六)关于骨干专业建设

《行动计划》在推进优质高职院校建设的同时,实施骨干专业建设计划,这同国务院实施的一流大学和一流学科建设计划(又称"双一流")是匹配协调的,它对建立和制订高职院校专业建设标准,鼓励专业做特、做大、做优,切实提高人才培养质量和高职教育影响力意义同样十分重大,而且在优势和骨干专业建设过程,也一定会整合和吸纳众多社会合作资源,于高职创新发展有利。

总之,创新发展高等职业教育是一篇大文章、新文章,其意义是创新驱动,以创新促发展,无论从经济学、社会学、文化学角度看,只要是有利于整合社会资源办好高职教育,有利于解决好高职教育发展中的供需对接,有利于提高人才培养质量,都是值得鼓励和支持的。

参考文献

[1] 周建松.创新发展高等职业教育需要系统设计整体行动[J].教育发展研究,2015(11):1.

[2] 翟博.教育均衡论[M].北京:人民教育出版社,2008.

[3] 周建松,唐林伟.本科层次高等职业教育:现状、挑战与方略创新发展[J].教育发展研究,2015(11):102—108.

创新发展高等职业教育:政策变迁与行动方略

周建松 吴国平 陈正江

摘 要:《创新发展高等职业教育行动计划(2015—2018 年)》是教育领域贯彻创新发展理念,服务"四个全面"战略布局的政策设计。作为一项系统工程,创新发展中国特色高等职业教育必须理解政策变迁。本文考察 20 世纪 80 年代以来的我国高等职业教育发展的政策变迁过程,在深化对高等职业教育发展背景和发展模式的认识的基础上,指出高等职业教育创新发展面临的形势与任务,并据此提出创新发展高等职业教育的行动方略和主要抓手。

关键词:高等职业教育 创新发展 政策变迁 行动方略

一、问题的提出

高等职业教育发展是我国现代化进程的一部分,20 世纪 80 年代以来,贯穿于我国不断加速的经济社会发展中的现代化力量对高等职业教育发展形成越来越现实的影响。高等职业教育发展是一个动态的、复杂的过程,涉及经济、政治、社会、心理和文化等诸多领域。在这个复杂的交互作用过程中,处于教育体制边缘的高等职业教育在合适的经济和政治制度支持下,经过三十多年的艰苦实践,高等职业教育创造性地探索出颇具特色的以校企合作为基础的办学模式和以能力为中心的人才培养模式。随着自主适应社会需求机制的建立,高等职业教育逐步由"社会中的高等职业教育"向"社会的高等职业教育"转化。

高等职业教育在中国的崛起源于创新。具有鲜明中国特色的高等职业教育的出现,丰富了世界高等教育的内涵和形式。创新是高等职业教育发展的底色,在这个过程中,高等职业教育由单纯的数量发展观向具有特色的整体发展观转变,取得了令人瞩目的成就。2014年后,着眼于"四个全面"战略布局,在《国务院关于加快发展现代职业教育的决定》的指引下,我国高等职业教育有了新的更大的发展目标、发展热情和发展动力。鉴于创新发展高等职业教育是一个宏大的历史主题,探讨它赖以存在的政策变迁过程具有极为重要的意义。如果我们不能解释高等职业教育是从哪里发展的,又是如何发展的,又怎么能够制定、理解和执行创新发展的理念与政策呢?因此,解释历史进程中的高职教育变革步伐和方向仍然是一个需奋力突破的重大课题。只有在对高等职业教育发展背景和发展模式认识深化的基础上,我们才可能提出创新发展高等职业教育的行动方略。

二、我国高等职业教育创新发展的政策变迁

佛兰德·科伯思指出,如果我们不深化对政策过程的认识,提高和改进教育效果就无捷径可走。新中国高等职业教育发展史更是一部创新发展史,高等职业教育经历了创业发展到跨越发展再到创新发展三个战略机遇期,从无到有,由小到大,由大变强,至今已是我国高等教育的半壁江山,走出了一条具有中国特色的发展新路。

(一)高等职业教育因创新而生

在我国高等教育体系中本无高等职业教育这种类型。20世纪80年代,为适应国家经济建设之急和教育发展之需,在一些有识之士的推动下,各地先后兴办了126所短期职业大学,成为我国高等职业教育的创新模式的雏形。1985年5月,《中共中央关于教育体制改革的决

定》指出："高中毕业生一部分升入普通大学,一部分接受高等职业技术教育,积极发展高等职业技术院校。"国务院于 1986 年发布的《普通高等学校设置暂行条例》对高等职业院校设置标准做出规定。在高等职业教育发展过程中,曾经面临着生存的考验,在一批有识之士的积极呼吁和国家教育行政部门的开明支持下不断争取机会。1993 年 2 月 13 日,中共中央、国务院印发的《中国教育改革和发展纲要》指出："各地要积极发展多样化的高中后教育⋯⋯要大力加强和发展地区性专科教育。"在 1994 年召开的全国教育工作会议上,时任总理李鹏同志在报告中提出:"适当发展高等专科教育和高等职业教育⋯⋯今后一个时期,适当扩大规模的重点是高等专科教育和高等职业教育。"1994 年发布的《国务院关于〈中国教育改革和发展纲要〉的实施意见》提出,"通过改革现有高等专科学校、职业大学和成人高校以及举办灵活多样的高等职业班等途径,积极发展高等职业教育",俗称"三改一补"政策,这保证了高等职业教育生存的基础和条件,成为我国高等职业教育得以延续的重要路径。

(二)高等职业教育因创新而存

经过了上个世纪 80 年代初期的艰苦探索和 90 年代的不懈努力,我国进入教育改革发展的新时代。1996 年颁布实施的《中华人民共和国职业教育法》第十三条规定,"职业学校教育分为初等、中等、高等职业学校教育""高等职业学校教育根据需要和条件由高等职业学校实施,或者由普通高等学校实施。"这是我国高等职业教育、高等职业学校教育和高等职业学校的社会地位第一次以法律的形式被确立,其中"高等职业学校"与"普通高等学校"相对应。1998 年颁布的《中华人民共和国高等教育法》第六十八条规定:"本法所称高等学校是指大学、独立设置的学院和高等专科学校,其中包括高等职业学校和成人高等学校"。进一步确立了高等职业教育在高等教育序列中以及高等职业学校在高等学校序列中的法律地位。1999 年发布的《中共中央国务院关于深化教育改革，全面推进素质教育的决定》指出："高等职业教育是高等教育的重要组成部分。要大力发展高等职业教育，培养一大批具有必要的理论知识和较强实践能力，生产、建设、管理、服务第一线和农村急需的专门人才。"

（三）高等职业教育因创新而兴

世纪之交，党中央、国务院做出了重大的战略决策，即推进高等教育大众化，其中以大力发展高等职业教育作为最重要的标志。1999 年 1 月，教育部和国家计委联合印发的《试行按新的管理模式和运行机制举办高等职业技术教育的实施意见》明确提出，高等职业教育由以下机构实施：短期职业大学、职业技术学院、具有高等学历教育资格的民办高校、普通高等专科学校、本科院校内设立的高等职业教育机构（二级学院）、经教育部批准的极少数国家级重点中等专业学校、办学条件达到国家规定合格标准的成人高校等。《意见》提出，按新的管理模式和运行机制举办的高等职业技术教育为专科层次学历教育，其招生计划为指导性计划，教育事业费以学生缴费为主，政府补贴为辅。毕业生不包分配，不再使用《普通高等学校毕业生就业派遣报到证》，由举办学校颁发毕业证书，与其他普通高校毕业生一样实行学校推荐、自主择业。对这部分高等职业技术教育，国家不再统一印制毕业证书内芯。这项被俗称为"三不一高"的政策下放专科层次高等职业院校设置审批权，这是解决广大适龄青年接受高等教育问题的政策创新，对推动我国高等职业教育大发展、大繁荣、大提高具有深远意义。

（四）高等职业教育因创新而特

2000 年 1 月，教育部印发《关于加强高职高专教育人才培养工作的意见》（教高〔2000〕2 号）和《关于制订高职高专教育专业教学计划的原则意见》,明确高职高专教育的基本特征,它的培养目标是"拥护党的基本路线,适应生产、建设、管理、服务第一线需要的,德、智、体、美等方面全面发展的高等技术应用性专门人才"。2002 至 2004 年,教育部连续三次组织召开全国高职高专教育产学研结合经验交流会,确立高等职业教育以服务为宗旨的办学面向。2004 年 4 月,教育部印发的《关于以就业为导向深化高等职业教育改革的若干意见》(教高〔2004〕1 号)指出,以就业为导向,切实深化高等职业教育改革。同年,教育部印发《普通高等学校高职高专教育指导性专业目录(试行)》,并启动高职高专院校人才培养水平工作评估工作,这些政策对避免高职院校教学成为本科"压缩饼干"起了基础性作用,可以说,新建高等职业院校大都是在这个阶段开始在规范办学基础上探索特色发展之路的。

(五)高等职业教育因创新而强

经过近二十年的探索和世纪之交的规模大发展,我国高等职业教育约占高等教育的半壁江山,规模效应已经初步彰显,在这样的背景下,如何实现高等职业教育由大向强的转变。为进一步落实《国务院关于大力发展职业教育的决定》要求,教育部与财政部联合发布《关于实施国家示范性高等职业院校建设计划,加快高等职业教育改革与发展的意见》(教高〔2006〕14 号),启动国家示范性高职院校建设计划。2006 年 11 月,教育部印发《关于全面提高高等职业教育教学质量的若干意见》(教高〔2006〕16 号)就全面提高高等职业教育教学质量提出九个方面意见。如果说 14 号文件是为了以点到面,以项目引领方式,推动建设一批特色鲜明的强校,那么 16 号文件的初衷就是促进高等职业教育质量的全面和整体提高,实践已经证明,这两个文件的联袂印发,对促进中国高等职业教育由大变强起到决定性的作用。

（六）高等职业教育因创新而优

2010 年 7 月，中共中央、国务院印发《国家中长期教育改革和发展规划纲要（2010—2020 年）》（中发〔2010〕12 号），提出大力发展职业教育，建设现代职业教育体系，满足经济社会对高素质劳动者和技能型人才的需要。教育部、财政部进一步推进国家示范性高等职业院校建设计划实施。2012 年起《高等职业教育人才培养质量年度报告》（2014 年起更名为《高等职业教育质量年度报告》）由第三方独立编制并向社会发布。2014 年 6 月，习近平总书记对职业教育工作的重要指示极大地鼓舞了高职教育战线的信心。为贯彻落实习近平总书记重要指示、《国务院关于加快发展现代职业教育的决定》（国发〔2014〕19 号）和全国人大常委会职业教育法执法检查的要求，2015 年底，教育部印发《高等职业教育创新发展行动计划（2015—2018 年）》，提出了今后一个时期高等职业教育创新发展的指导思想和具体要求，高等职业教育由此迈上创新发展道路。

三、创新发展高等职业教育的动因分析

（一）超大规模高等职业教育面临的质量拷问

我国的高等职业教育作为专科层次的学历教育，在我国的国民教育体系中曲折发展了三十多年，世纪之交得到了完全确认和超级大发展，到 2014 年，作为类型和层次的交叉概念再次写入了国务院的文件，即专科高等职业院校发展到现在，我国的高等职业院校（大类归纳）已达 1327 所，在校生规模超过 1000 万人，真正成为高等教育的半壁江山，应该说，规模的大发展也是重大成绩，然而每年 300 余万的毕业生需要合适出路，也应有相适应的人才定位，做出相适应的贡献，这

就对高等职业教育的结构优化和培养质量提出了要求,提出了不可替代性的质量拷问,而要解决好这一问题,唯一的出路是继续改革、创新求特,以创新整合资源;以创新激发活力;以创新提高质量;以创新开拓市场。

(二)高等职业教育新一轮发展面对的机遇挑战

当前,我国经济社会发展进入新常态,如何适应新常态,特别是适应新技术变革和国家发展战略的要求,确实值得我们认真研究,这至少表现在:一是"中国制造 2025"和"工业 4.0"的发展战略,高等职业教育如何推进基于"互联网＋"的专业改造和技术提升,真正适应从制造向智造,从制造向创造的转变;二是"一带一路"战略的实施,高等职业教育如何为"一带一路"培养适需的人才,尤其是为"走出去"培养人才,为"一带一路"所在国培养人才,都需要有专业结构及教学内容方面的改革;三是"大众创业、万众创新"的国家战略的具体要求,如何加强在校学生的创新创业教育,培养具有创新精神、创业意识和创新创业能力的高职学生,学校如何在教学指导思想、教学内容、教学方法等方面与之相适应;四是根据我国全面深化改革和全面依法治国的要求,我国的财税体制改革将进一步推进,推进的基本方式为全面实行高职教育生均拨款制度,中央财政基此加大一般性转移支付,并相应减少专项转移支付,与此同时,财政将进一步加大对财政资金使用绩效的考核力度等,都需要我们认真研究加以应对。

(三)高等职业教育自身发展需要进一步解决的问题

我国高等职业教育发展成就及其对经济社会的贡献有目共睹,但长期的大发展确实也带来了许多矛盾和问题,有些是大发展过程中所掩盖的,有些则是发展过程中自身造成的,这些主要表现在,第一,部分院校办学定位不正确,有些热衷于升格升本,有些仍然是本科"压缩饼干"型,有些则高等性不明确;第二,部分学校办学条件不佳,尤其是校舍,建筑面积和实验实训场地和设施达不到要求,甚至赶不上中职学校的水平;第三,部分学校教师数量和水平达不到要求,由于快速发展,不少学校教师数量不足,生师比过高,也有部分学校教师队伍建设跟不上,尤其是"双师"结构、"双师"素质的教师严重缺乏;第四,高等职业教育在整个办学体制机制方面存在问题,外部支持尤其是校企合作机制跟不上,外部资源整合能力不强,办学经费中来自社会和校友捐助的比重偏小。中央提出用混合所有制等办法进行改革探索,这扩大了学校财务的自主权,同时对学校自我管理能力即学校治理体系建设如校政、校行、校企、校会合作问题等都提出了要求。上述诸多发展中的重要因子解决不好,将会影响高等职业教育的创新发展。

四、创新发展高等职业教育的行动方略

在高等职业教育发展成为时代主题的背景下,其发展模式需要由制度推动型到创新发展型转变,政策推动型发展强调自上而下的制度传递,内涵创新型发展强调自下而上的创新激发。创新发展既是一种发展观,也是一种方法论。为切实提高高等职业教育发展的实效性和针对性,我们必须实施创新发展高等职业教育的行动策略。

(一)注重系统整体设计

《行动计划》作为继国家示范性高等职业院校建设计划后又一个较为全局性的高等职业教育工作项目,而且又冠以《行动计划》而落地,因此必须从发展规模、结构优化、体制机制、保障支持等方面进行总体考虑,并且要注意中央政府、地方政府、单办方、行业企业和学校等各方面的责权利统筹和安排,尤其要面向 2020 年,与全面建成小康社会的

目标相一致。对我国高等职业教育在规模、层次等方面怎样布局应该有方向性安排,而且要把它放在我国整个教育结构中来进行设计,要放在国家战略的要求中考察专业结构和招生结构,要放在国家整个体制改革中来设计体制机制,不能独立地进行,从这一点而言,我们仍需要研究和思考。

(二)着力类型特色打造

应该说,中国的高等职业教育从夹缝中生存,经历"三不一高"和"三改一补"到规模发展、特色定位再到示范引领,在创新发展的道路上取得了骄人的进步,引领了整个职业教育的发展并为应用型本科转型提供了示范,可以说,大职业教育视野中的"产教融合、校企合作、工学结合、知行合一、合作办学、合作发展、合作育人、合作就业"理念的形成,高职示范建设功不可没,但我们必须清醒的看到,从理念到行动,从要求到自觉还有很长的路要走;知与行还有脱节,点与面更有差距,如何坚持问题导向,坚持创新驱动,把高等职业教育发展中的深层次问题解决好,的确要我们很好地进行研究;高等职业教育如何精准定位,真正打造类型特色,需要系统性设计和整体思考;高教性与职教性的关系如何协调处理、如何体现彰显,究竟是姓"高"名"职"还是姓"职"名"高"还是"高职"复姓,校企合作机制如何有效构建,混合所有制办学体制怎样构建,企业和用人单位积极性怎样调动,企业和社会资源怎样有效整合,都需要以创新发展行动计划为契机构建好一个科学有效的发展系统,解决好类型、层次、特色、体制、机制、要素等问题。

(三)发挥教师主体作用

教师是办学的主体,更是创新发展高等职业教育的主体,高等职业教育要实现持续快速健康发展,必须把教师的积极性、主动性和热情充分调动起来。为此,第一,要注重《行动计划》的教师元素,把教师作为《行动计划》框架的重要主体来打造,注重项目的教师参与热情,教师参与绩效;第二,要有教师发展项目,教师既是行动计划和高职教育创新发展的主体,也是《行动计划》的重要项目内容,要让教师看到政府是把教师真正作为主体的,国家的工程是既见人又见物而且是更见人的,把培养教师、发展教师、提高教师作为重点之一;第三,要体现教师的多数原则,让大多数教师能够或可以参与其中,注重大部分教师的利益和发展,使教师明白创新发展高等职业教育的事就是全体教师的事;第四,要通过活动,使教师的师德教风、教育教学能力、职业教育理念得到加强和提高,真正实现教师发展提高和高职创新发展的同频共振。

(四)关注学生真正受益

学校的基本任务是培养人才,学生是教学工作的主体,一切为了学生,为了学生的一切,为了一切学生应该是学校的指导思想和行为文化。很显然,创新发展高等职业教育的落脚点必须放在学生身上,这至少应该有三个关注点:第一,要把学生是否受益,是否与学生成长发展相关作为关注的重心,凡是有利于学生增值和成才成长的事多做、快做、好做、做好;第二,要花气力研究学生即期增值,也就是说,要关注好学生三年的成长进步和成才,在有限的三年时间里,实现学生从普通中学生向和谐职业人的转变,提高学生适应市场和适应岗位的能力;第三,要积极创造条件,关注和研究学生的后续发展,使学生在成才基础上不断成长、有所成就、努力成名。正是从这些意义上说,加强学生思想教育和社会主义核心价值观塑造意义重大,把职业精神和职业技能培养结合起来意义非凡。

(五)构建发展保障体系

高等职业教育占据我国高等教育的半壁江山,尽管学历不是很高,但如何办出特色、办出水平亦十分重要,它关乎现代化建设所需要的技术技能人才,关乎全面建成小康社会目标的实现。正因为这样,创新发展高等职业教育,必须有条件保障和机制创新,国家如何加大投入,生均拨款机制如何完善,财政如何建立绩效奖补机制都应该明确,质量监控体系如何建立,质量报告制度等如何建立,我们都需要研究和关注。也就是说,要从条件保障、要素考核等方面确保高等职业教育朝着积极发展、适需适用、内涵建设、质量提升的正确轨道上前进。

五、创新发展高等职业教育的主要抓手

事实上,高等职业教育无论作为高等教育的一个类型还是作为职业教育的一个层次,或者说是类型和层次的综合,都有其生存和发展的前提,都有其生存和发展的价值,也有其自身的特色。当然,也必然存在着这样那样的不足和缺陷,创新发展高等职业教育从理想主义角度看,或者从适应和满足经济社会需求和人的全面发展需求看,也确实存在着许多矛盾和问题,但是解决矛盾必须找到重点和关键。

(一)从宏观发展战略看,要解决好结构和层次问题

结构和层次问题不仅仅是高等职业教育自身问题,更有整个教育及其与经济社会迫切性问题。一方面,我们要从国家高等教育、职业教育乃至基础教育发展的统筹中研究高等职业教育的占比和层次,如中职与普高的关系,义务教育是普九还是普十二年等;另外一方面,在整个高等教育体系中,知识(学术)型教育与职业(应用)型教育应该是什么样的关系,更为具体的,作为高等职业教育本身,其区域结构、行业结

构、专业结构如何协调发展，也值得研究。我们的观点是，第一，作为职业（应用）型的高等职业教育需要加大发展力度，无论是鼓励高职适当扩大规模还是推进本科向应用型转型，都是必须的；第二，为提高教育和人才对经济社会发展的适应性，进一步满足人民群众的需求，高等职业教育需要在基本稳定的同时，采用双管齐下（即部分升格和新建本科转型）的办法来发展本科层次职业教育；第三，现有专科层次高等职业教育要优化专业结构、区域结构、新建学校应尽量鼓励建在三线城市，三线城市学校可适当扩大规模，同时，专业结构更多向先进制造业和现代服务业倾斜。根据这样的思路、教育行政部门可会同发改委等制订"高等职业教育发展 2025 战略"，作为指导意见。

（二）从推动创新发展方式看，应当采取示范和项目引领的办法

我国的高等职业教育在规模上已占据高等教育半壁江山，学校数达到 1327 所，在校生超过 1000 万人，质量需要保证，财政投入需要到位，办学条件必须达标。于此同时，高等职业教育的创新发展必须有示范引领和项目驱动，既为建设一批标志性成果创造条件，也对整个战线起引领作用。为此建议：第一，巩固国家示范性和骨干院校建设成果，在此基础上，再建设 100 所左右的特色或优质学校，形成国家层面高水平学校的一大方阵，数量约为 300 所，这 300 所学校成为高职教育的国家队，也可把这 300 所学校重新整合成为两个层次，形成适当梯队；第二，鼓励各省、区、市从实际出发，建设数量相当、区域特色鲜明的省级示范（特色、骨干）校，可有 300—400 所，于是就形成了国家示范、国家骨干、省级重点（骨干、示范、特色）等三个层面，并呈现宝塔型格局；第三，与学校建设相适应，从高职院校特点出发，应支持建设好一批重点（骨干、优势、品牌）专业，既是学校发展的基础，也是人才培养的基点，更是学校服务行业企业和区域经济社会发展的切入口，在国家示范建设、骨干建设过程中都采用了这种行之有效的方法，许多省份也

有这方面的经验,我们可继续设计项目并予以相关支持,真正形成高等职业教育重点(骨干、特色、优势)专业(群)。

(三)从人才培养视角看,必须系统关注互联网的影响和挑战

当今世界,互联网迅速发展,正在深刻地影响和改变着我们的生活和工作,互联网对学习和教育的影响更是前所未有,这给我们的专业建设、课程建设、课堂教学产生了十分深刻的影响,引入新技术、应用互联网思维改革改造我们的专业建设和人才培养模式,势在必行。正因为这样,创新发展高等职业教育,不仅需要理念创新、模式创新,也需要技术创新和方法论创新。在互联网技术背景下,教师的中心地位越来越不突出,去中心化和知识碎片化成为必然,伴随着慕课的推行、微课的扩展、翻转课堂也将成为常态,从制订人才培养方案开始,到教学内容的选择都将迎来革命性变革,我们必须适应不断发展和变化的世界和未来,高等职业教育作为面向行业企业和区域生产建设管理服务一线的教学,显得尤为重要。

(四)从增强学校活力角度看,必须赋予学校更大的自主权

学校依法自主办学,一直是教育改革的命题,但事实上始终没有解决好,高等职业教育作为一个新的类型,产教融合、校企合作、工学结合、知行合一是其重要机制特征,要很好地体现和彰显这一特征。这至少包括:第一,将学校作为一个相对独立的法人单位来研究对学校的管理,制订并颁布《章程》,以《章程》来规范行为、依法办学、引领发展。政府对学校的管理要求要在《章程》中充分体现;第二,赋予学校在人、财、物等各方面的自主权,确保学校法人主体地位的落实;第三,鼓励和支持学校根据发展需要,进行集团化办学、混合所有制办学、中外合作办学、现代学徒制培养等方面的探索和创新,鼓励学校在各自的领域办出特色、办出水平;第四,鼓励和支持学校积极采用多种体制和形式

开展社会服务和产学研合作,以发展、壮大和做强自己。

　　国家"十三五"发展规划纲要提出加快发展职业教育和提高高等教育质量的战略,作为横跨职业教育和高等教育的高职教育,意味着既要"加快发展",又要"提高质量",因此,"十三五"对我国高等职业教育发展而言仍然是一个重要的战略机遇期。高等职业教育要以创新发展理念为引领,抓住关键,破解发展难题,系统出招,厚植发展优势,不断将中国特色高等职业教育发展推向前进。

参考文献

[1] 姜大源.高等职业教育:中国对世界教育的独特贡献[N].光明日报,2015-10-27.

[2] [美]斯图亚特·S.那格尔.政策研究百科全书[M].北京:科学技术文献出版社,1990:457.

[3] 马树超.中国特色高等职业教育再认识[J].中国职业技术教育,2008(23).

[4] 杨金土.30年重大变革——中国1979—2008职业教育要事概录(下卷)[M].北京:教育科学出版社,2011.

[5] 石伟平,匡瑛.中国高等职业教育发展的历史、现状和趋势[J].教育展望,2005(9).

[6] 吴合文.高等教育政策工具分析[M].北京:北京师范大学出版社,2011:4.

[7] 闵维方.高等教育规模扩展的形式与办学效益研究[J].教育研究,1990(10).

[8] 何俊志.结构、历史与行为——历史制度主义的分析范式[J].国外社会科学,2002(5).

［9］钟秉林.努力开创高职高专教学工作新局面［J］.国家高级教育行
　　政学院学报,2000(1).

［10］《温家宝谈教育》编写组.温家宝谈教育［M］.北京:人民出版社,
　　　2014:478.

［11］鲁昕.在改革创新中推进职教科学发展［N］.人民日报,2010-05-
　　　23(7).

［12］［美］加里・S.贝克尔.人力资本:特别是关于教育的理论与经验
　　　分析［M］.梁小民,译.北京:北京大学出版社,1987:1.

［13］马树超,郭扬,等.中国高等职业教育历史的抉择［M］.北京:高等
　　　教育出版社,2009:215.

［14］马树超,郭扬.高等职业教育:跨越・转型・提升［M］.北京:高等
　　　教育出版社,2008:215.

［15］郭扬.中国高等职业教育史纲［M］.北京:科学普及出版社,2010.

［16］徐平利.职业教育的历史逻辑和哲学基础［M］.桂林:广西师范大
　　　学出版社,2010.

［17］柴福洪,陈年友.高等职业教育名词研究［M］.北京:高等教育出
　　　版社,2012.

［18］周谈辉.中国职业教育发展史［M］.台北:三民书局股份有限公
　　　司,1985.

［19］俞启定,和震.中国职业教育发展史［M］.北京:高等教育出版
　　　社,2012.

［20］杨秀芹.教育资源利用效率与教育制度安排［M］.华中师范大学
　　　出版社,2009:267.

［21］吴承明.经济史:历史观与方法论［M］.北京:商务印书馆,2014.

［22］周建松.高职院校内涵发展研究［M］.杭州:浙江大学出版社,2006.

［23］周建松.高等职业教育可持续发展研究［M］.杭州:浙江大学出版
　　　社,2013.

基于创新发展的高职院校治理体系建设研究

周建松　　陈正江　　吴国平

摘　要:构建适应我国宏观制度和高职院校实际的治理体系,是高职教育内涵建设阶段的重要任务,它对促进我国高职教育健康持续发展意义重大。本文立足于我国实际,对此进行了关系分析和理性思考。

关键词:治理体系　创新发展　高职院校

推进治理体系和治理能力现代化,是党的十八届三中全会确定的全面深化改革的重要目标,治理体系和治理能力现代化是高等教育现代化的应有之义,既是高等教育现代化的要求,又是高等教育现代化的重要组成部分[1]。学习贯彻这一重要思想,对高等教育战线而言,也面临着同样艰巨而复杂的任务,怎样按照建设中国特色社会主义大学的要求,落实好为中国特色社会主义培养合格建设者和可靠接班人这一工作,需要从国情和实际出发,构建高等学校治理体系和运行机制,以推动学校创新发展。本文拟以我国高等教育的新类型——高等职业院校为例做一分析和研究。

一、研究高等职业院校治理体系建设必需而紧迫

高等职业教育是我国高等教育的重要类型,也是职业教育基本而重要的层次,由于其发展起步迟,校均规模也相对较小,而且又兼有高教性和职教性,在许多时候容易被忽视,矛盾也容易被掩盖,但我们必须清醒地看到,从高等职业教育生存和发展的环境和阶段看,加强治理体系和能力建设已经到了非常紧迫的地步。

(一)国家治理体系和治理能力现代化建设提出新要求

完善和发展中国特色社会主义制度,推进国家治理体系和治理能力现代化,这是一个宏观大背景,在这一背景下,如何构建中国特色社会主义大学制度,提高高等学校的治理能力和治理水平,促进高等学校更好更有效地履行人才培养、科学研究、社会服务和文化传承与创新的职责与使命,这是当下各级各类学校研究和关注的重大问题,也是2014年以来教育行政部门工作的重点。这几年教育部相继出台了关于教职工代表大会、关于学术委员会、关于高等学校章程等一系列规范性指引文件,并都以教育部令的形式正式对外发布,更为重要的是,中共中央发布了《中国共产党普通高等学校基层组织工作条例》,中共中央办公厅发布了《关于坚持和完善普通高等学校党委领导下的校长负责制的实施意见》,这都对构建学校层面的治理体系提供了基本依据,也对学校如何构建治理机制提出了基本要求,也必将推动和促进学校的治理建设,可以这么说,宏观大体制、大环境对高校治理体系建设要求十分明确。

(二)高等职业教育发展阶段和规模对治理体系建设提出了新呼唤

经过三十多年的发展,特别是高等教育大众化推进策略以来的十多年大发展,我国高等职业教育迅猛发展,院校数已达1327所,在校生已突破1000万,占据了我国高等教育的半壁江山,特别是经过几十年的发展,我国高等职业院校的校均规模也在不断扩大,专业和学科门类也在大大拓展,就全国范围内而言,公办高等职业院校的校均规模已达8000—10000人,甚至涌现出规模超过20000人的大学校。在这样的总规模和校均规模条件下,学校如何治理,成为了进入内涵发展后极为重要的命题,"千亩校园"需要建立规范有序的管理体系,"万名学子"需要构建有利于其健康成长的培养制度,"内涵发展,提高质量"需要高职院校建设科学有效运行的机制,精细化替代粗放型,制度管人管事替代以人管人管事终将成为必然,为此,我们必须深刻认识到加强和重视治理体系建设的迫切性和重要性,并在把它看作是外部要求的同时,也要把它当作是内部的必然,即练好内功的重要内容。

(三)高等职业教育自身运行中的各种情况也需要在构建治理体系中得到梳理

我国的高等职业教育从八十年代初期的短期职业大学起步,经历了曲折的发展道路,前期的"三不一高",到后来的"三改一补",始终没有给出一个合乎情理的定论;世纪之交,做出高等教育大众化的决策后,如何定位高等职业教育也未十分精准,参照专科学校确定了一个大致的定位;2006年,教育部提出高等职业教育是高等教育的一个类型,曾产生了很大的影响;2010年后,在《国家中长期教育改革发展规划纲要(2010—2020年)》的框架下,教育部又引导高等职业院校把自己作为职业教育的一个层次,特别是2014年召开全国职业教育会议前后,习近平、李克强等领导同志对职业教育给予了许多关心,习近平总书记做了重要批示,李克强总理发表了多次讲话,其中也表达了许多新的重要的想法,这都给职业教育发展提出了许多命题,需要我们认真加以梳理。如高等职业教育的高教性与职教性之间如何协调协同,高等职业教育作为高教性的大学理念和大学精神,领导体制、学校职能如何落实,高等职业教育作为职业教育所要求的产教融合、校企合作如何在治理中贯彻,至于混合所有制办学等改革方案出台,实施了集团化办学、现代学徒制培养后学校如何运行和治理等,应统筹研究,这就是说,构建中国特色的高等职业教育对治理体系建设提出了新的迫切而现实的要求,我们要在实现过程中认真加以梳理。

二、高等职业院校治理体系建设的若干基本关系研究

教育治理只有获取法制的支持,实现制度的完善,完成结构的构筑和发挥主体的能动性,才能突破教育治理体系现代化的困境,进而朝着教育治理体系的现代化图景迈进[2]。研究和构建好我国高等职业院校的治理体系,必须厘清若干基本关系,在此基础上,我们方可研究具体机制和制度。

(一)大学精神引领、职教规律办学与企业理念管理的关系

众所周知,高等职业教育既具高教性,又具职教性,还具有跨界性的特点,发展职业教育,同时就是发展经济、重视民生,这都对我们构建治理体系提出了要求。

按照高教属性的基本要求,高等职业院校必须认真履行大学的四大职能,认真把握好人才培养、科学研究和社会服务、文化传承和创新的关系,尤其是把文化传承作为一项重要的使命,要形成现代大学制度的基本框架,把传承、弘扬知识和文化作为重要使命。

按照职教属性的基本要求,高等职业院校必须研究职业教育的基本特征,其中产教融合、校企合作是构建办学模式的基本要求,工学结合、知行合一是人才培养模式的重要特征,我们在研究落实高等职业院校治理框架时必须把握这些基本特征。

按照跨界性特征要求,高等职业院校不仅具有作为教育事业的特征,还有作为企业活动的要素,事实上,我国目前的高等职业院校既是事业属性的法人,其根据发展需要又投资或发起投资形成了企业法人(如校办企业),社团法人(如校友会、基金会),还有一些产学研的研究组织,早已是一个综合体,如何落实带有企业经营理念的管理机制和要素,也需要我们协调。

(二)党委领导、校长负责、民主管理与社会参与的关系

按照我国高等学校的领导和组织制度,高等学校实行党委领导下的校长负责制,具体拓展为党委领导、校长负责、教授治学、民主管理,与此同时,作为高等教育的一个新的类型,我们又强调校政、校行、校企、校会合作办学,也鼓励各学校建立理事会、校董事会等组织,也强调建立校企合作共同体或利益共同体,这里都是有一个社会参与的问题,如何较好参与,对此也必须协调关系。

党的领导是中国特色社会主义的重要特征,党委领导下的校长负责制是中国特色社会主义大学的根本领导制度。管党建、管发展、管育人、管文化、管干部、管人才是党委的基本职责,牢牢把握意识形态和思想宣传工作领导权、话语权是其基本要求,重大事项决策、重要干部任免安排、重大事项的投资、大额资金使用为主要内容的"三重一大"是其必须抓好的工作,这是必须坚守的制度,即党委领导。

坚持和完善党委领导下的校长负责制,校长作为行政主要负责人,在党委领导下依法行使行政管理职责,对内是最高指挥官,对外是最高代表者,对全校教学、科研、行政、工作负主要职责,行主要权力,也包括指挥和统筹。这就构成了党委领导与校长负责的关系。

学校的权力又包括学术权力和行政权力,如何正确处理学术权力和行政权力的关系,是高等学校治理上的一个重要问题。按照大学治理的一般机理,主要是教授以学术委员会行使学术权,校长为首的行政团队负责治校,与此同时,代表教职工利益的教职工代表大会实施民主决策、民主管理和民主监督,这就形成了校长负责与教授治学和民主管理的关系。

校政、校行、校企、校会合作是高等职业教育的重要特征,也是一个重要的工作要求,参与者的责权利如何保证、如何行使、如何体现,这涉

及资本、涉及资产、涉及话语权。建立有效的运行机制,这乃推进高等职业教育特色发展和有效治理的关键所在。

(三)自治、共治、善治诸目标之间的关系

如果从治理机制角度看,高等职业院校同其他组织一样,必须解决好治理中的三者关系问题,即自治、共治和善治问题。

自治是基础。也就是说,高职院校作为法人组织,必须建立自己的"章程",并以"章程"为依据,依法自主治理,并以此确立各利益主体,各种组织以及学校与上级主管部门之间的关系,形成治理时可以遵循的大法。

共治是智慧。依法依章程办事是一种理想模式,但在现实运行中,各种新情况新问题会不断产生,这就必须通过协调和协商来解决,况且,我们担负着培养好社会主义合格建设者和可靠接班人的重任,党和政府也与时俱进提出新的要求,正因为这样,解决问题的有效方法,就是要通过共治来完成,为此,建立党委会、校长办公会、学术委员会、校企合作理事会、专业建设指导委员会、教职工代表大会及其议事规则,都应该为我们所采纳。

善治是目标。治理的最终目标应该是善治,对一个组织而言,善治的价值理性在于追求管理效率,善治的工具理性立足于民主管理。善治是社会发展进步到一定阶段的需要和产物[3]。也就是说,要通过组织促进公共利益最大化,以实现高等学校通过各种活动满足政府、市场(社会)和学校发展的共同需要的目标。实现善治需要形成良好的文化氛围,并建筑在优良的文化基础上,从某种意义上说,学校的"一训三风"(即校训、教风、学风和校风)具有传承性,对学校的建设和发展,对学校治理机制建设十分重要。

当然,高等职业院校治理需要研究协调的关系和问题还很多,但以上三组关系应该是基本的,把握好了,我们就有了保障和条件。

三、适应高职教育创新发展要求，构建科学治理体系的思考

当前，我国高等职业教育正面临创新发展新形势，内涵建设新要求，强化特色、加强管理、提高质量是基本要求；推进我国高等职业教育又好又快持续健康快速发展，必须在构建科学的治理体系上下功夫、出成效，从我国的宏观制度和高等职业院校的微观实际出发，我们以为，下列方面值得我们认真研究。

（一）坚持党委领导下的校长负责制不动摇

习近平总书记曾经指出，高校肩负着学习研究宣传马克思主义，培养中国特色社会主义事业建设者和接班人的重大任务，加强党对高校的领导，加强和改进高校党的建设，是办好中国特色社会主义大学的根本要求。办好中国特色社会主义大学，要坚持立德树人，把培育和践行社会主义核心价值观融入教书育人全过程；要强化思想引领，牢牢把握高校意识形态工作领导权；坚持和完善党委领导下的校长负责制，不断改革和完善学校体制机制；全面推进党的建设各项工作，有效发挥基层党组织战斗堡垒作用和共产党员先锋模范作用。习近平总书记的指示，明确了办好中国特色社会主义大学在学校领导体制和治理体系建设上的根本要求，这就是坚持和加强党委领导，坚持党委领导下的校长负责制，坚持充分发挥基层党组织和共产党的作用。高等职业院校作为中国特色社会主义大学的重要类型和有机组成部分，必须贯彻好这一要求，以此作为学校制定章程，推进制度建设，落实内涵建设各项任务的大前提。

（二）坚持推进以校企合作为主要特征的开放办学不懈怠

产教融合、校企合作是职业教育办学的重要形式，校政、校行、校

企、校会等合作是职业教育办学的重要载体,合作发展、合作育人、合作就业、合作办学是职业教育办学的重要路径,简单地说,开放开门办学,整合和引进各种社会资源办学是推进高等职业教育特色发展的基本要求,而且也是新建本科向应用型转型的基本要求,带有规律性。正因为这样,我们要积极探索多种形式的开放合作办学之路,善于利用各种资源和要素为人才培养和学校事业发展服务,为建设高等职业教育类型特色服务。在宏观格局大框架下,允许合作方取得相应的利益,行使相应的权力,并在一定范围内参与学校治理。

(三)加强学校章程及各项规章制度建设

一个好章程,一批好制度,一脉好文化,是高等职业院校治理体系建设的三项基本要件,必须高度重视,切实加强。当前,全国大部分高职院校的章程正在制订之中,必须依据教育部工作规范,在主管部门和举办方的主持下,共同抓好章程研制工作,注意协调好各种关系,严格按程序办事,体现好各方面意志,维护好各方面权益,真正成为学校的大法。

制度建设十分重要,制度建设涉及方方面面,也需要与时俱进,制度建设要着重建立和维护好党的领导制度、教职工代表大会民主管理制度、学术委员会和教授治学制度,制度建设要努力做到全覆盖,涉及人事、财务、物资,围绕学术、教学、科研、社会服务、后勤保障等方方面面加以展开,做到横向到边,纵向到底,纵横结合,有利执行;制度建设要明确责权制,建立健全奖惩和赏罚体系,并把制度的制订、执行和监督分开,形成有效监督体系,确保制度建设落到实处,有利于发展,是内涵建设的重要内容。

(四)建设具有鲜明特色、积极向上的学校文化

文化建设是高职院校内涵建设的重要内容,也是形成院校办学特

色,推进学校品牌建设的重要内涵。学校要在办学积累的基础上,凝练一个学校的特色和文化,这首先必须从校训、校风、教风、学风抓起,把倡导什么、鼓励支持、支持什么、反对什么写清楚、讲清楚、做清楚,在此基础上,学校要围绕物质文化、精神文化、制度文化和行为文化,建立全方位文化建设机制,形成文化品牌,推进文化育人,形成有文化气息的良好氛围,真正把治理问题落到深层次,在这方面,浙江金融职业学院作为一所国家示范性高职院校,抓住示范建设有利时机,着力在物质载体、楼宇建筑、人文景观等方面抓好文化建设,并形成制度要素,进而达到潜移默化地影响师生精神和行为的效果。该校确立的"共建共享幸福金院,永创永续金融黄埔"的共同愿景,"做学生欢迎之师,创社会满意之校,育时代有用之才"的价值理念,以及构建的"诚信文化、金融文化、校友文化"三维文化育人体系,其共识已经形成,传播十分深远,将成为该校办"特色鲜明、人民满意、师生幸福"高职教育的重要力量。在新的历史条件下,学校提出的"凝聚海内外校友力量,建设高品质幸福金院"的口号已成为强大的文化磁场,吸引和召唤全体师生为精心打造全国最具魅力的高职院校共奋斗。

参考文献

[1] 别敦荣.治理体系和治理能力现代化与高等教育现代化的关系[J].中国高教研究,2015(1):29—33.

[2] 张健.教育治理体系的现代化:标准、困境及路径[J].教育发展研究,2014(9):28—33.

[3] 眭依凡.论大学的善治[J].江苏高教,2014 (6):15—26.

第 四 章

主编随想

创新发展高等职业教育需要系统设计整体行动

周建松

我国的高等职业教育从 20 世纪 80 年代的短期职业大学算起,已有 36 年的发展历史,其间经历了前后两个 18 年,即 1980—1997 年和 1998—2015 年两个大的历史阶段。前 18 年的艰苦探索和后 18 年的基于高等教育大众化的规模扩张,使我国的高职教育取得了显著成效。至今已有院校 1300 多所,在校生 1000 多万,高等职业教育已经成为高等教育的具有发展方向性的一种新形式,并成为引领职业教育科学和谐发展的带动力量。

适应我国全面建成小康社会决胜阶段技术技能型人才的广泛需求,为实现"两个一百年"和中华民族伟大复兴的中国梦提供坚实人才保障,教育部下发了《关于深化职业教育教学改革　全面提高人才培养质量的若干意见》和《创新发展高等职业教育行动计划(2015—2018年)》,旨在推动高等职业教育内涵建设、质量提升、创新发展,把全国职教会议精神落到实处,落小落细。然而,我们应该也必须清楚的是,创新发展高等职业教育绝不是一个零散的动作和局部的行为,它需要在我国教育总体现代化的大框架下进行整体设计、整体优化、整体提高。

一、创新发展高等职业教育,需要从我国教育总结构上整体考虑

如果说,1998年国家做出大力发展高等职业教育的决定,其很大原因是为了推动高等教育大众化,解决我国高等教育规模过小,高等应用型人才严重不足的问题。那么,时至今日,总量不足的矛盾已基本缓和,现实的情况是,一方面是用人单位找不好适需的人才,另一方面是大学生就业难,这实际上就是人才供应结构与需求结构出现了矛盾,这与当前中央反复提出的"供给侧改革"政策相吻合。高等教育的人才培养要在供给结构上下功夫,创新发展高等职业教育,首先要从优化我国高等教育结构上看效果,注重教育的结构质量。我国的高等职业教育从总体上保持在专科层次是合理的,也是应该在较长时间内坚持的。在引导地方本科学校向应用型学校转型,办成职业教育本科的同时,适当允许部分优质高职院校和专科高职院校的优势专业举办本科层次的职业教育也应该是合理的,关键是要定位于培养职业化专门性(技术技能)人才。

二、创新发展高等职业教育,需要在人才培养模式上进行整体优化

关于这一点,习近平总书记在2014年为全国职业教育工作会议所

做的批示已经非常明确,即产教融合、校企合作、工学结合、知行合一,李克强总理在讲话中强调的要把职业技能培养与职业精神培育相结合,也应该为我们所遵循。这就是说,(1)创新发展高等职业教育必须坚持产教融合,把高等职业教育放在社会经济发展和产业转型升级的大背景下进行整体性设计,包括规模和结构的设计。(2)创新发展高等职业教育必须坚持校企合作,要把学校办学体制机制的建设建立在与企业的广泛合作基础上,包括组建由行业内企业专家(业务骨干、管理精英、技术能手)组成的专家指导委员,聘请实践一线的兼职老师等,并把行业企业文化融入到校园文化之中。(3)创新发展高等职业教育必须坚持工学结合,把学生工作和学习的相互交替、相互结合作为人才培养的重要环节和重要过程,过程也要和结果相结合。(4)创新发展高等职业教育必须坚持知行合一,这主要是对学生而言的,必须使高职院校的毕业生既知其然、知其所以然,又注重做,精益求精,做得更好,也就是说,工科专业的工匠精神和精工能力,商贸专业的产品意识、营销意识和市场能力都是必须的,从这些意义上说,创新发展高等职业教育必须使学生有职业精神、职业理想、职业情怀、职业道德、职业技能,真正成为职业化、技术技能型人才。

三、创新发展高等职业教育,关键在创新行动

如前所述,高等职业教育作为我国高等教育的一个新的类型,新型和创新应该是其基本特点,也是其生存和发展的基本前提。在上个周期的发展过程中,下放审批设置权限调动了省级地方政府的积极性,示范建设激发了地方政府、行业企业和院校的活力;在以内涵建设为重点、提高质量为核心的新一轮发展中,政策已经明确,保障将更加有力,规模和摊子已不再是重点,项目也不再是主要载体,如何用"不用扬鞭自奋蹄"的境界来推进这项工作,关键是把业已明朗的理念落到

实处,如以下几个方面:(1)混合所有制作为一个突破和创新体制的设想,如何落地,不仅可在两级院系层面探索,而且应当在整体机制层面上快步前行,这样才能真正吸引社会力量,把高职教育做大做强。(2)集团化办学已经呼吁了几十年,如何使一大批以资本为纽带的职教集团真正建成,需要在实践中将其化为现实。(3)现代学徒制培养模式,有利学校、有利学生、有利企业、有利社会的"四有利"工程能否在更长远的认识和理解中被推动和推进。

创新发展高职教育,行胜于言,永远在路上。

正确把握创新发展高等职业教育的基础重心

周建松

教育部印发的《高等职业教育创新发展行动计划(2015—2018年)》,再一次调动了全国高职教育界的热情,引起了政府、学校及社会各界对高职教育的关注,高职战线的教师们对此也寄予了极大的希望,故以此为抓手,必将推动我国高职教育在"十三五"期间创造新的业绩和辉煌。然而,我们认为,高职教育要实现真正而有效的发展,教师有热情、学生真受益十分重要。必须要有顶层设计、项目引领,找到阶段目标和基础重心更有必要。在高等教育从大众化走向普及化的进程中,在现代职业教育体系建设的重要关键时期,创新发展必须把握明定位、稳规模和强内涵三个关节点。

一、明定位:找准创新发展高职教育的目标

高等职业教育作为高等教育的一种类型,同时作为现代职业教育体系的一个层次,有其特殊的发展定位和培养目标。自20世纪80年

代以来,我们在理论上、政策上、实践上都进行了分析和探索,总体定位于专科层次,主要培养生产、建设、管理、服务第一线的职业化专业人才或技术技能人才;在现代职教体系建设和应用型本科转型的大环境下,从国家教育大框架来研究和思考高等职业教育,我们觉得其定位仍需进一步加以明晰。综合理论、政策和实践发展,我们以为必须加以明确的有:第一,高等职业教育既是高等教育的一个类型,也是职业教育体系中的一个层次,并非简单的姓高名职或姓职名高,而是高职复姓,它应该是一种复合性教育形式;第二,高等职业教育是在完成高中阶段后的教育,应该培养较高层次的人才,毕业生具有较高的素养和能力,具有较好的学习能力和创新创业能力;第三,毕业生主要在基层一线,从事基础性工作,从事基本业务,必须有较强的动手和实际操作能力;第四,产教融合、校企合作为基本办学模式,工学结合、知行合一为基本人才培养模式,政校行企合作发展、合作办学、合作育人、合作就业为基本途径;第五,以就业为导向、能力为本位是对学校办学和毕业生的基本要求;第六,根据经济社会发展和产业技术要求确定层次是基本定位,应明确绝大多数为专科层次,一些高新产业和高端服务产业的本科层次也值得研究和试行。

二、稳规模:找到创新发展高职教育的基础

自世纪之交国家实施高等教育大众化政策,并把发展高等职业教育作为重要抓手以来,我国的高等职业教育有了长足的发展,截至目前,我国高等职业教育院校数量已达 1300 余所,在校生规模已突破 1000 万,成为高等教育的半壁江山;根据《国家中长期教育改革和发展规划纲要(2010—2020 年)》和《国务院关于加快发展现代职业教育的决定》(国发〔2014〕119 号),教育部、国家发改委等七部委联合制订了《现代职业教育体系建设规划(2014—2020 年)》,明确到 2020 年,高等

职业教育规模将达到 1480 万,尽管人们对此规模还持观望态度,但至少表明,国家正在推进高等教育结构优化,充分发挥高等职业教育的结构调节和优化功能,积极推进新建本科实施应用型转型,推进更高层次现代职业教育体系建设。正因为这样,稳定规模将是高等职业教育现在和今后一段时间的政策重心和政策基调,应该说,这对高等职业教育的发展是十分必要的,也是我们研究创新发展的基础性条件。第一,稳定规模就稳定了发展基础,由此研究了类型特色和发展思路,有利于学校据此研究专业结构布局、治理体系建设、师资队伍建设和校内外实训体系建设。第二,稳定规模也就稳定了人心,鼓励更多的优秀人士充实到教师和管理队伍中去,鼓励更多的学生报考高职院校,以探索类型特色文化。第三,稳定规模也就稳定了社会认识,有利于社会达成共识,进而有利于实现文化认同,促进高职教育持续健康发展。

三、强内涵:找好创新发展高职教育的着力点

经过三十多年的发展和十多年的大发展,我国高等职业教育已经进入中长期(也可称之为成熟期),无论从结构、规模还是从各方面条件看,我国的高等职业教育应该进入内涵发展阶段,外延扩张、铺设摊子已经不是主要任务,与规模发展阶段相比,内涵发展具有不同特征,需要领导人思维、工作重心、工作注意力等都发生变化,主要要素有:第一,更加重视学生,以学生为本,研究以学生为中心的教育教学和管理,切实增强学生增值感;第二,更加重视教师主体,重视教师培养和发展,切实增强教师获得感;第三,更加重视和谐校园和治理体系及治理能力建设,切实提高师生幸福感;第四,更加关注校友工作,重视人才的跟踪和继续教育,增强校友的认同感;第五,更加重视学校品牌、特色打造,关注学校的影响和声誉,增强社会推崇感。正是从这些意义上说,浙江金融职业学院的学生"千日成长工程"、教师"千万培养工程"、校企

合作"千花盛开工程"和高品质幸福金院建设以及"青年教师培养与成长的金翅膀机制""中年教师稳定与发展的金台阶机制""老年教师幸福与安康的金色降落伞机制",具有重大实践意义。

创新发展高等职业教育必须注意调动教师的热情

周建松

教育部下发《高等职业教育创新发展行动计划(2015—2018年)》(以下简称《行动计划》)以来,得到了高职教育界的热烈响应,政府关注、院校注目、师生期待。然而,究竟是关心建设项目还是关心机制创新,是关心业内名分还是关心学生成才,是领导关心,还是教师热情,虽然具有相关性,但往往也存在不一致性。笔者以为,要真正把创新发展行动计划真正落到实处、落实在行动上,并形成实际效果,必须注重调动教师的热情,激发教师的动力,提升教师的能力。

一、教师是创新发展高等职业教育的重要的主体力量

《行动计划》安排部署了65项工作任务和22个实施项目,可谓殚精竭虑、用心良苦,其中许多项目涉及省级教育行政主管部门、涉及职业教育行业指导委员会,但无论如何,更多的项目则涉及并必定要落实到学校这个大主体上,只有全国1300余所高职院校积极、主动的作为,才会真正把创新发展高等职业教育行动计划落小、落细和落实。而在学校的具体实践中,虽然院校长和学校领导班子的作用十分重要,但广大教师才是办学的重要主体,教师工作的创新才会真正推动高等职业教育的创新发展。

第一,教师是教书育人的一线工程师。创新发展高等职业教育的

直接和重要的目的是提高教育教学和人才培养质量。人才培养质量的提高既取决于人才培养的机制和环境,取决于学生的学习基础和学习主动性,更取决于教师的教育教学能力和水平以及教书育人的工作态度,具有重要的决定性的作用。遇到一位好教师就是一生的财富,就是这个意思。

第二,教师是创新发展项目的实际承担者。创新发展高等职业教育是一项宏大的工程,既有宏观的顶层设计,有中观的体制机制,更有许多的实施项目,众多项目的具体操作者仍然为广大教师,包括专业、院(系)负责人。全体或多数教师的积极参与,才是做好项目、落实项目的基础和条件。教师以什么样的姿态和能力参与项目,更关系到项目的实际绩效。

第三,教师是学校创新文化的营造者和指导者。创新发展其要义是创新,高等职业教育作为一个新类型,其生命力也在于创新及其在创新基础上形成的特色,而如何营造创新工作和创新创业的文化,教师的作用是不可忽视。正因为这样,国办在《关于深化高等学校创新创业教育改革的实施意见》中明确要求提高教师创新创业教育能力,事实也是这样,在一个学校的创新文化形成过程中,教师是营造者,也是指导者,起着十分重要的先行和带动作用。

二、提高教师的师德和能力是创新发展高等职业教育的重要举措

众所周知,作为我国高等教育的重要类型和职业教育的重要层次,我国的高等职业教育经历了30多年的大发展特别是世纪之交推进高等教育大众化的大发展,高等职业教育不仅规模上是半壁江山,而且其社会影响力也已经初步形成。但是,不容置疑的是,我国高职教育与传统本专科相比,特色不够鲜明;与中职相比,高在何处不明显,学校

与学校之间类同等情况也存在。创新发展高等职业教育的任务就是要做特做大做强高等职业教育,实现其不可替代性,而要做到这一点,就必须由有特色和水平的教师来担纲,正因为这样,有什么样的教师队伍就有什么样的高职教育,行动计划应该在各校实践中有教师工程。

第一,必须千方百计提高教师的实践能力。作为职业教育,人才培养工作的特点就是学生要做中学、学中做,教师必须做中教、教中做。教师做的能力相当重要,而由于我国职教师资来源的实际情况,再加上受进入学历门槛的影响,总体上看,专业教师的实践能力明显不足,及时跟进和补上实践能力这一课,已为当务之急。对此,教育行政部门和各学校都采取的"挂职锻炼""见习工程师"等制度,应该是有成效的,并要充分体现在制度层面尤其是专业技术职评及晋职晋级等方面。

第二,必须最大可能建设"双师"结构教学团队。职业教育的最大特点就是实践性。因此,现有专职教师的实践和动手能力非常重要,而且组建专兼结合的教学团队非常迫切,因为从职业教学运行看,在基本完成基础教学和专业基础教学后,工学结合、工学交替是一种十分重要的形式,产教融合、校企合作也是必然的组织形式,提高专任教师的实践能力非常可贵,但局限性十分明显,采用积极有效的方法,构建专兼结合的"双师型"教学团队才更有实效。关于这一点,学校要努力尽力去做到,政府部门也应多创新思维,并积极作为。

第三,必须脚踏实地增强教师的生本情怀。生本情怀实际上是教师的一种德,甚至是最大的德,一切为了学生、为了一切学生、为了学生的一切,关爱学生进步、关注学生困难、关心学生就业,这既是办学思想,也是工作机制,更是对教师的要求,教师要研究学生、了解学生、关爱学生、因材施教,才有可能把质量工程抓得更好。

第四,必须扎扎实实丰富教师的学工经历。教和学脱节和"两张皮"现象是教学的通病之一,我们认为,解决这一矛盾的重要途径之一便应当是通过各种途径丰富和增加教师的学生工作经历,让教师进一步了解学生,增进对学生的爱的情感,从而更好地进行适应学生特点的教学开发和设计,甚至包括借鉴和学习学生的话语体系和言语表达,担任班主任、辅导员等都应当是重要而有效的形式,担任社团指导教师这一行动也十分重要。实际上,这就是要求教师不仅有以生为本的情,更有了解学情的能。

第五,必须切切实实提高教师的教学能力。从某种意义上看,教师的教学能力也是教育教学成功的重要原因,党的十八届五中全会把提高教学水平和创新能力作为重要任务提了出来,可见教学水平对学校教育教学的重要性。因此,广泛设立和办好教师教学发展中心,加强教师对教学的研究,弥补专业课教师大多非师范毕业的不足,是十分有必要的,这也是实现创新发展,推动创新教学的重要内容之一。

总之,提高教师教育教学能力,加强教师队伍建设是一项系统工程,必须抓好顶层设计,并抓好具体落实,而师德是重要前提。

三、制订行之有效的教师政策是推进教师队伍建设的根本保证

恢复高考和改革开放以来,我国的教师政策正在不断得到落实,尤其是1985年设立教师节以来,党的知识分子政策和教师政策得到了更大更快的落实,从办好人民满意的教育和创新发展高等职业教育的切入点看,落实好教师政策依然十分重要。

第一,必须确立全心全意依靠全体教师办学的理念。教师是办学的主体,是影响教育教学的基本力量,必须从学校自身开始,营造尊重教师、关心教师的良好氛围。"尊重教师个性、倚重教师德才、注重教师发展",积极创造条件把党的知识分子政策落实好,把各级党政部门向教学和教师倾斜的机制建设好。

第二,积极采用工程推动的方法抓好教师队伍建设的工作。实

践证明,数量适当、结构合理、素质精良是教师队伍建设的基本要求,坚持培养与提高相结合是教师队伍建设的基本方法,而采用"发展指引、项目引领、工程推动"则更是行之有效的方法。从近年来我们浙江金融职业学院的实际情况看,通过实施教师"千万培养工程",通过制订职业教师发展指引和 10 项培养计划,广大教师从中得到了收获,成效十分明显。

第三,努力创造条件建设教师发展激励机制。师资队伍建设不仅需要保障、需要培养,也需要健全激励机制,以激励教师忠于职守、热爱岗位、积极工作。浙江金融职业学院近年来提出"善待厚待主体、关心关注基层、重视重用高端"的工作格局,会同浙江省金融教育基金会构建"三全"机制(青年教师培养与成长发展的金翅膀机制、中年教师关爱和稳定发展的金台阶机制、老年教师尊重和幸福生活的金降落伞机制),对动员和组织校友、金融机构及社会各界的力量尊重和关爱教师意义重大、影响深远,对激发激励广大教师忠于事业、提高水平、提升能力有巨大作用,为创新发展高等职业教育,精心打造最具魅力的高职教育提供了无限正能量。

创新发展高等职业教育贵在各司其职、求真行动

周建松

在《高等职业教育创新发展行动计划(2015—2018 年)》印发后,教育部迅速召开了工作部署会,并明确了教育部、教育厅、行指委和院校在《行动计划》中的工作要求,适度分解了 65 项任务、22 个项目的参与机制。作为一个《行动计划》,建立这种落实机制,体现了政府主管部门的务实精神,也有利于真正抓好工作落实,使《行动计划》既轰轰烈烈,又扎扎实实。

一、教育部：顶层设计、督促激励

教育部作为《行动计划》的主要设计者，并不完全是项目的直接组织者，更不是各项目的现场施工员。按照新一届中央政府关于财税体制改革的总体方案，中央财政的主要职能是制订引导性政策，减少直接项目，并通过综合奖补来激励、促进和推动；有据于此，创新发展高等职业教育，教育部层面主要是提出引导性目标、发展性方向、考核性指标，对我国高等职业教育的发展起一个引领、提示和导航作用。在此基础上，为推动各地各校抓落实、重创新、促发展，采用相应的办法和机制建立一个财务奖补、业绩考核、工作排名、质量发布等平台，并建立相应的媒体宣传平台进行褒扬和鼓励，以促进行动计划落到实处。

二、教育厅：具体组织、部署落实

各省、区、市人民政府及办事机构教育厅（局）在本轮行动计划应该处于十分重要地位，这符合全面深化改革方略中事权与财权相统一的原则。根据我国教育法规，专科层次高等职业教育主要由省级人民政府批准设立并实施统一管理，根据责权利相结合原则，专科层次高等职业院校由省或地级市人民政府举办或管理，或者由省级人民政府委托相关部门管理，这就比较清楚地明确了省级人民政府及其教育行政主管部门的职责，这就是具体组织、部署落实，具体来说：

第一，根据教育部制订的《行动计划》的指导思想、基本原则和主要目标，研究确定本区域所要达到的要求及处理问题的具体原则。

第二，根据教育部制订的《行动计划》确立的主要任务与举措，从本区域特点和目标出发，选择相应的项目、任务，并制订具体考核要求落实。

第三，根据《行动计划》形成的 65 项任务和 22 个项目，具体确定本区域所要达到或实现的质量标准和数量指标,并积极组织。

第四,会同省财政厅、发改委、人力厅等部门研究推动本区域落实《行动计划》所需要的政策、资金,并认真加以落实。

第五,根据《行动计划》中的工作节奏和时间要求,具体安排本省参与和组织方案,制订路线图、任务书和进程表,以利于更好地落实。

三、院校:抓住机遇、真抓实干

无论从哪个角度看,院校是高职教育创新发展的主体,也自然是《行动计划》的落实主体。对于《行动计划》所要求的内容,其目的是动员和组织地方政府及社会力量支持关心高等职业教育发展,以相应的平台和项目促进院校整合和利用资源办好高职教育,也就是说,对于绝大部分任务和项目而言,无论有没有引导文件,有没有政策撬动,高职院校也应该是要做的,《行动计划》仅是为院校提供了一个机会、一个契机、一个平台、一个舞台而已。因此,抢抓机遇、真抓实干应是院校的基本态度。

第一,要有"不用扬鞭自奋蹄"的精神状态。办学校就是要重视教学质量、重视人才培养、重视学生发展、重视教师发展、重视品牌建设,就是要有内部和谐度、满意度,外部知名度、美誉度及对社会贡献度,这是学校的责任,更是院校长的使命,必须努力为之。

第二,要有"快马加鞭再奋蹄"的工作态度。教育部出台《行动计划》,无论对哪一所院校而言,既是机遇也是一个挑战。优质院校是学校间的排队,骨干专业是专业之间的排队,争取好了,是发展机遇,争取不好,是错失发展时机。因此,无论是示范校、骨干校还是一般性院校,必须把它看作机遇和挑战,发扬快马加鞭的精神,抓好项目争取和任务落实工作。

第三,必须坚持质量至上的观点。质量是学校的生命,更是各级各类学校的共同任务。在贯彻实施《行动计划》的过程中,无论是项目还是任务或者是常规工作,必须遵循高等职业教育规律和人才培养规律,统筹校内和校外各种资源,重质量而不讲形式,讲项目又不唯项目,扎扎实实、尊重实际,把人才培养质量提高到新的水平。

第四,必须坚持学生第一的理念。办学校因学生而起,一所学校的好发展因学生而行,今天的工作就是为了明天的生存、后天的发展,因此,必须把《行动计划》的兴奋点、出发点、归宿点都放到学生身上,一切为了学生、为了学生一切、为了一切学生,努力提高学生就业率、对口就业率、单位满意率、岗位适应力、人生发展力,使学生受益。

第五,必须坚持教师主体的观点。教师是办学的主体,办好一所学校,凝结着一代又一代教师呕心沥血、创造性的工作,广大教师甘为人梯、无私奉献,因此,落实《行动计划》必须注重教师的主体性地位,注重教师的热情和主动性,并通过项目和任务,把教师的地位落实好、权益维护好、利益争取好、环境营造好、机会创造好。

四、行指委:尊重实际、有所作为

建立职业教育行业指导委员会(以下简称行指委),在我国现有行政管理体制下是一项创举和创新,行指委既有发展好高等职业教育的需求,也有推动职业教育发展的责任,因此,把行指委作为《行动计划》的主体特别有意义。由于各个行业情形不同、需求不同、能力也不同,因此,行指委的落实机制应该是尊重实际、有所作为。首先行指委应该积极承担职能,响应教育部号召,切实做到各项工作都有所作为、有所行动;其次,如何做好工作,有多大的作为,要从各行业实际情况出发,与能力和可能性相适应;当然,行指委要做好工作,经办部门和人员也必须做好学习宣传说服和争取工作,世上之事,成功与否,成就大小,贵在争取,重在行动。